위즈덤 그레이

나를 바꾸는 44가지 인생 통찰

위즈덤 그레이

초판 1쇄 인쇄 2023년 2월 13일
초판 1쇄 발행 2023년 2월 17일

지은이 문길남

발행인 백유미 조영석

발행처 (주)라온아시아
주소 서울특별시 서초구 효령로 34길 4, 프린스효령빌딩 5F

등록 2016년 7월 5일 제 2016-000141호
전화 070-7600-8230 **팩스** 070-4754-2473

값 18,500원
ISBN 979-11-6958-029-8 (03320)

※ 라온북은 (주)라온아시아의 퍼스널 브랜드입니다.

나를 바꾸는 44가지 인생 통찰

WISDOM GREY

위즈덤 그레이

문길남 지음

RAON BOOK

삶을 짓는 지혜를 나누며

'짓다'라는 단어를 쓸 수 있는 대상은 대개는 사람의 시간과 노고, 정성이 들어간 동시에 삶과 불가분의 커다란 무게감을 지닌 존재들이다. '밥을 짓다', '집을 짓다', '이름을 짓다', '글을 짓다', '농사를 짓다'에 이르기까지 시간과 노력이 들지 않고 어느 한순간에 지어지는 것은 없다. 짓는 것의 무게감은 그만큼 만만치 않다.

오랫동안 대기업 건설사에서 몸담으며, 내 손으로 지은 크고 작은 건축물이 전국에 포진해 있다. 그 건축물들을 짓는 과정에서 내게도 많은 시간과 노력이 요구된 이야기들이 있었고, 그것들이 하나둘씩 모여서 인생의 보배로운 구슬들이 되었다. 그리고 이제 그 구슬들을 한데 모아 하나의 목걸이로 만들어 보는 심정으로 이 책을 썼다.

어찌 보면 대한민국이 가장 역동적이었던 시기에 태어나 사회가 진취적으로 성장하던 과정에서 인생의 황금기를 보냈다는 생각이 든다. 역동적이었기에 그만큼 먼 앞일에 대한 고민보다는 당장 목전에 산적한 난관들을 해결하는 일이 먼저인 세대였다. 더구나 건설이라는 업종의 특성상 늘 내 일상은 필드의 야전

사령관 같았고, 문제해결형 인재로서 주변의 가용 가능한 모든 인적·물적 자원을 총동원하고 융합해 극단적 위기에 대응하는 것이 나의 주특기였다.

다만 내 삶에서 좀 더 현명했다고 여길 만한 것이라면, 목전의 문제들을 해결하면서도 삶과 사회, 사람에 대해 소홀히 하지 않았다는 점을 들고 싶다. 항상 미래를 바라보며 일했고, 세상이 흘러가는 큰 흐름을 읽어내고자 고민했으며, 주변 사람들과 함께하는 온기가 내가 머무는 곳 어디에서나 느껴지도록 노력했다. 끊임없는 자기 계발과 노력, 삶과 사람에 대한 긍정이 나의 나머지 단점을 상쇄하도록 해 나를 이 자리까지 이끌었다고 보아도 좋을 것이다.

이 책을 통해 부족하나마 30여 년 세월을 통해 터득한 그 노하우가 독자 여러분에게 널리 공유되기를 바란다.

문길남

차례

2장

조직과 나의 능력을 극대화하는 리더십

3장

성공의 설계도, 사고의 전환과 긍정 마인드

4장

시간노동자 생활로부터 졸업할 준비를 하자

5장

나를 성장시키는 태도가 곧 나의 자산이다

6장

후반전에 잘 뛰어야 인생 경기의 승자가 된다

에필로그

1장

내가 설정하는 삶의 좌표가 나를 이끈다

내 삶의 핵심 키워드 4가지

■ 오랫동안 대기업을 다니면서 감사하게도 많은 프로젝트를 수행하고 다양한 분야의 성공한 사람들을 만나는 동안 소중한 내 삶의 핵심 키워드를 늘 생각하면서 살았다.

건설회사의 특징은 한 현장을 마무리하면 다른 지역으로 이동해 새로운 현장에서 수년 동안 공사가 진행되기 때문에 해당 지역에서 나름대로 성공한 사업가들을 많이 만나게 된다는 점이다. 그러다 보니 직장 생활을 하면서 미래에 대한 걱정과 잘 살 수 있는 방법이 무엇일까 늘 고민하게 되었다. 내가 찾은 결론은 기술사 자격을 취득하면 조금은 더 직장에서 능력을 인정을 받고 나의 발전에 큰 도움이 될 것이라는 판단이었다. 당시 90년대 현장 생활은 새벽부터 늦은 시간까지 모두가 정말 열심히 일하는 사회적인 분위기였고, 사람들이 가난에서 벗어나기 위해 모두가 노력하던 시대였다.

이 결정을 실행으로 옮겨 기술사 3관왕이란 타이틀을 취득하는 과정에서 나는 확실한 깨달음을 얻었다. 무슨 일이든 '목표'와 '자신감' 그리고 '집중적', '연속성'이라는 4가지 핵심 키워드를 마음 속에 지니고 일하면 반드시 성공할 수 있다는 확고한 신념이 생겼다.

사람에게는 누구에게나 살아가면서 마음 속에 품고 사는 자신만의 핵심 키워드가 있을 것이다. 세상에 쉬운 일은 없고 그냥 되는 일도 없다. 무엇인가 성과를 내기 위해서는 고민하고 배우며 실패를 거듭하는 과정이 필수다. 실패의 과정을 딛고 목표를 향해 부단히 나아가기 위해서는 저마다 마음 속에 지치지 않는 동력이 필요하다. 내게는 저 4가지 핵심 키워드가 바로 그 동력이었다.

나는 단란하지만 가난했던 기독교 신앙의 가정에서 성장했다. 공부도 열심히 하지 않았다. 그저 세상이 너무나 불평등했고, 지금도 그렇지만 그 시절에는 가난한 사람들이 살아가기가 유독 힘들었다. 그래서 그런지 나는 잘살아야겠다는 생각을 늘 간직하면서 살았다. 건설회사에 취직해서 초기 기사 시절에는 새벽부터 늦은 시간까지 거의 쉬는 날도 없이 정신없는 생활을 이어갔다. 그렇게 현장 생활이 4년 정도 지나니 앞으로 미래와 중반기 55세 이후에도 행복하게 잘 사는 방법이 무엇일까 하는 생각을 품게 되고, 4가지 핵심 키워드가 나를 성장하게 만들었다.

첫째, 목표

사람이 살아가면서 목표를 정한다는 것은 정말로 중요하다. 배가 바다에서 풍랑을 만나고 헤맬 때 그리고 전자 장비도 고장이 났을 때 북극성을 보고 방향을 알 수 있듯이, 우리가 살아가면서 목표가 없으면 방황하고 헤맬 수밖에 없는 인생이 되는 것이다.

직장에서도 마찬가지다. 아무리 학벌이 좋아도 목표 없이 근무하며 기계적으로 출퇴근만 하는 동료 후배들을 보면 늘 안타까운 마음이 생긴다.

기본적으로 업무에는 연간 목표, 월간 목표, 주간 목표가 있고, 회의 시 목표를 중심으로 대화가 이루어진다. 특히 현장에서는 공정표가 있어서 매일의 공정을 파악하면서 작업을 해야 예상되는 리스크를 사전에 대비할 수 있는 것이다.

그런데 직장인들의 현실을 들여다보면 미래에 대한 목표가 있는 사람들을 찾기가 힘들다. 그냥 하루하루를 흘려보내며 '어떻게든 되겠지' 하는 마음으로 살아가는 경우가 많다. 하지만 아무 목표도 세우지 않고 아무것도 실행하지 않으면 결국 아무 일도 일어나지 않는다.

나는 지방 현장에서 서울 본사에 출장 갈 때 항상 올림픽대로변의 강남 아파트에 사는 사람이 부러웠었다. 강남에 내 집이 있으면 좋겠다는 생각, 대기업을 다니면서 임원이 되면 좋겠다는 생각, 대규모 현장 책임자가 되고 싶다는 생각 등을 하면서 살았다. 그런데 지금 와서 보면 강남에서 살고 있고, 대기업 임원을 10년 이상 역임했으며, 초대형 프로젝트의 소장 역할도 성공적으로 잘 수행하였다. 내 나름의 목표가 이루어진 것이다.

이제는 더 나은 새로운 목표를 향해서 나아가고 있는 자신에 늘 응원의 기도를 하고 있다.

둘째, 자신감

사람이 무엇을 하든지 자신감이 없으면 처음부터 실패할 확률이 높다. 자신감이 생기면 아이디어가 넘치고 활력이 솟구치며 얼굴의 인상도 좋아지고 무엇을 하든지 힘이 들지 않는다. 하지만 자신감이 없으면 눈동자와 표정, 태도부터 다르게 보인다.

나는 기술사 시험을 공부하는 기간 약 6년 동안 휴가를 가지 않았다. 휴가 기간 일주일 동안 도서관에서 공부를 하면 한 달 분량 이상의 학습량을 채울 수 있기 때문이다.

주말이면 그 당시는 지방에 학원이 없어서 대구에서 기차를 타고 늦은 시간에 용산에 있는 학원으로 가서 강의를 들은 다음 새벽 고속버스를 타고 귀가했다. 그러면서도 목표와 자신감이 있어서 그런지 피곤한지도 모르고 시험공부를 하였다.

나의 이 적극적면서도 행동으로 옮기는 자신감은 믿음에서 나오는 듯하다. 믿음은 막힌 길도 뚫는다는 말이 있다. 성공하는 사람의 공통점이 스스로 성공할 수 있다는 자신감과 그 자신감을 믿는 것이라고 생각한다. 그러면 행동과 태도가 좋아져서 더욱 주변의 좋은 동료를 만들 수 있고 업무에서도 많은 협조를 받으면서 살 수 있다. 자신감은 스스로를 믿도록 만들고 성취하게 하며, 젊고 행복하게 만들어준다.

셋째, 집중력

태양으로 종이 한 장을 태우기 위해서는 돋보기 렌즈를 이용해서 태양각에 맞추어 흔들림 없이 집중해야 비로소 연기가 나면서 불이 붙는다.

한 송이 국화를 커다란 대국으로 키우기 위해서는 나머지 곁가지에 붙은 자잘한 꽃망울들을 잘라 주어야 한다.

하나의 목표를 달성하기 위해서는 필요한 모든 에너지를 집중시켜야 한다. 나의 지식, 재능, 기술, 경험, 주변의 도움 등이 부족할지도 모른다는 걱정은 접어 두자. 실패할 수도 있다는 걱정에 대해서는 생각하지 말고 작은 부분부터 집중적으로 하다 보면 자신도 모르게 성과들이 도출될 것이다.

나는 직장 생활 4년 차부터 회식이 있는 날에도 근무를 마치면 대학 도서관에 가서 밤 11시까지 공부하는 원칙을 정해서 집중적으로 학습하였다. 하루 종일 현장 근무했지, 회식했지, 몸은

천근만근이고 정신은 몽롱해서 책상에 앉으면 잠이 쏟아질 수밖에 없었다. 그래서 독서실이 아닌, 테이블이 넓은 대학 도서관을 학습 공간으로 선택했다. 대구 현장에 근무할 때는 경북대학교와 계명대학교 도서관을 이용했고, 부산에서 근무할 때는 동아대학교 도서관 등을 이용했다.

이렇게 집중적으로 공부를 하니까 뭔가 발전하고 성장하는 나를 느낄 수 있었다.

넷째, 연속성

무슨 일이든 아무리 뛰어나고 멋진 사업이라 하더라도 포기하면 끝이다. 내 전공은 건축인데, 토목기술사에 도전하면서 너무나 힘든 시간을 보냈다. 그 열정으로 대학원을 갔으면 박사 학위는 받았을 것이다. 필기 시험을 11번째 본 끝에 합격하고 2차 시험 면접 때도 면접관 교수님이 "건축 전공 한 사람이 왜 토목 분야를 하냐"며 탈락시키는 바람에 면접도 두 번째에야 최종 합격하였다. 이렇듯이 꾸준하게, 지속적으로 무엇인가를 하는 사람은 성공에 계속 가까이 다가가게 된다고 생각한다. 주변에 사업에 성공하는 지인들을 보면 대부분 공통적으로 힘든 시기가 있었기에 지금의 성공이 있었다고 말한다. 처음에는 본인이 직접, 힘들게, 지속적으로, 포기하지 않고 일한 결과 지금은 중견기업의 오너로 열심히 사는 친구들을 보면서 감사와 칭찬을 금할 수 없는 마음이 든다.

유연하면서 강한 감성 리더십

■ 나는 리더의 카리스마는 유연함에서 나온다고 생각한다.

스티브 잡스가 독선과 독단으로 애플에서 쫓겨났다가 다시 복귀한 뒤, 그에게는 협업과 의사소통이라는 두 가지 코드가 장착되어 있었다. 그것이 애플의 성공 키워드이다. 노먼 포스터에게 애플파크의 설계를 맡겼을 때, 잡스가 제시했던 가장 중요한 요소도 바로 구성원의 협업과 의사소통 그리고 연결성이었다. 그 결과, 수직적 위계와 수평적 분산을 모두 파괴한, 거대한 도넛처럼 생긴 애플 사옥이 등장했고, 여기에는 건축 디자인의 공간 구성 단계에서부터 애플이 추구하는 가치가 반영되어 있다.

나 역시 비슷한 가치관을 바탕으로 거친 건설 현장에서 일찍이 여러 시도를 했다. 현장의 소장실 회의 테이블을 원형 테이블로 처음부터 배치하였고, 10년 이상 임원 생활을 하면서도 나의 사무실은 늘 원형 테이블로 구성하였다. 모서리가 있고 서열이 있는 사각의 회의 테이블에서는 유연하면서 다양한 아이디어가 나오기가 현실적으로 어렵다는 생각의 반영이었다. 그래서인지 나는 신입 사원이던 기사 시절부터 주변으로부터 왠지 건설사에서 일하기에는 어울리지 않는다는 얘기를 많이 들었다. 내 스타일이 인물은 좋지만 남성적인 터프한 분위기가 아니며, 성격 역시 내면은 강하지만 겉으로는 부드러운 이미지의 소유자이다. 이처럼 거친 현장 스타일의 느낌을 주지 못하다 보니 기사 시절에는 현장의 작업자나 반장 등으로부터 약간의 무시라고나 할까 싶은 느낌을 받기도 했다.

하지만 시간은 진실을 말해주는 가장 좋은 문장이다. 건설사 입사 후 4~5년 정도의 기간까지는 고된 일과를 보내는 시기이다. 그 고난의 시기에도 새벽에 출근하고 열심히 업무를 수행하면서 야간작업을 거의 매일 하다시피 했다. 그러면서 점차 나에 대한 현장 및 주변의 이미지가 좋아지고, 협력사에서도 문 기사와 함께 일하면 좋은 결과를 만들어 낼 수 있다는 신뢰가 쌓이면서 나의 커리어는 날로 확장되었다.

탁월한 성과의 감성 리더십

나의 감성 리더십의 핵심은 긍휼한 마음이다.

긍휼의 마음은 다른 사람이 느끼는 것을 그대로 느끼며 공감하는 것을 말한다. 힘들어하는 마음, 고통스러워하는 마음을 보면 나도 모르게 눈물을 흘리는 경험을 자주 한다. 어려운 상황에 처한 사람, 고통 중에 있는 사람, 무언가 부족한 사람을 보면 도와주고 싶은 마음이 든다. 나는 이것이 공감이라고 생각한다.

현장에서 사랑하는 자녀와 가족을 위해서 열심히 일하는 근로자들을 보면 기본적으로 도와주고 싶은 마음이 든다. 내가 한남동에서 오너 프로젝트 소장을 하고 있을 때 본사의 부장이 와서 업무 협의를 하는데 내 밑의 대리가 오너 프로젝트를 한다고 부장에게 예의 없이 함부로 대하는 것을 보고 크게 지적하고 다시는 그러지 못하도록 꾸중한 적이 있다. 본사 간부에게 그렇게 하는 사람이 현장에서 근로자에게 어떻게 대하는지는 보지 않아도 알 수 있는 일이다.

감성 리더십은 리더 스스로 자신의 내면을 파악하고 구성원의 감성을 이해하며 배려함과 동시에 자연스럽게 조직 구성원들과 관계를 형성해 조직의 감성과 역량, 성과를 높이는 것이다. 나는 본사에서나 현장에서 직원들과 근로자 그리고 감독관과 발주처에 일 처리와 업무를 빠르게 원칙대로 진행하면서 감성적으로도 좋은 관계를 유지하였다. 규정과 규범으로 수백명 이상의 조직원과 근로자들에게 한마음 정신을 불어넣어 원팀(one team)으로 만들기는 어려운 일이다.

나는 아침에 만나는 근로자들에게 따뜻하게 배려심으로 대하였고 직원들에게도 좋은 인사이트를 주려고 노력을 했다. 현장에서는 수천 명의 근로자들이 아침마다 모이는 조회에서 마이크를 잡고 현장소장으로서 그들에게 꿈과 용기와 희망의 메시지를 강하게 전파했다. 이 이른 아침에 가족과 자녀, 식구들을 위해서 수고하시는 근로자들에게 늘 이렇게 당부했다.

"우리들이 이 시간에 나와서 열심히 일함으로써 여러분의 자녀들이 부모님의 수고로움을 알고 더 열심히 살 것입니다. 우리 모두 다치지 말고 즐거운 마음으로 하루를 시작합시다. 정말 당신들이 애국자입니다. 이 이른 시간에 함께 모여서 국기에 대한 경례를 하고, 애국가 부르고, 묵념하는 조직은 우리 말곤 없습니다. 우리 모두 힘내서 더 좋은 내일을 만들어 갑시다."

근로자들 앞에서 이처럼 꾸준하게 연설하였다. 한 번은 성악과를 졸업하고 현장에서 일하는 청년 근로자가 있는데 그 친구에게 아침에 좋은 노래를 부르게 하기도 했다. 또 가끔씩 아침에 가족들에게 사랑의 문자를 보내게 해서 피드백이 좋은 문자를 받은 근로자에게는 약간의 상품권도 주었다. 가족들에게서 온 문자 내용을 보면 가슴 따뜻한 사연들이 너무나 많았다. 국민학생 아들이 현장 근로자 아버지에게 온 문자 내용에 아빠는 현장에서 힘들게 일하시면서 나를 대통령 아들처럼 키워주셔서 감사하다는 내용도 있었다. 그리고 결혼한 지 수십 년 지난 부인에게서 온 문자도 있었는데, 내용인즉 다음과 같았다.

'사랑하는 당신, 가족을 위해서 늘 수고가 많아요. 결혼 후 단 한 번도 여행을 못 갔는데, 이번 가을에는 함께 여행 가도록 해요. 사랑해요.'

이외에도 훈훈한 내용들이 많았다. 비록 현장에서 몸으로 힘들게 일하고 있지만, 모두가 사랑하는 가정의 가장들이고 누군가의 아들이다. 현장에서 이렇게 따뜻한 감성으로 리드를 하니 근로자들의 표정도 좋아졌고, 외부에서 방문하는 손님들도 이 현장은 뭔가 다르다는 그런 얘기를 많이 들었다. 실질적으로 업무의 성과도 높아졌고, 객관적으로 어렵고 힘든 현장임에도 공기 단축과 고품질로 마무리할 수 있었다.

본사에서도 직원들이 각자 자기 업무만 하지 옆 부서의 직원들과는 얘기도 거의 없을 정도의 경직되고 바쁜 일상을 보내고 있었다. 그래서 화합되고 더 좋은 시너지를 내기 위해서 아이디어를 냈다. 아침에 출근해 8시 30분에 업무를 시작하기 전에 팀장들을 불러서 내가 있는 24층에 전 직원들이 한자리에 모여 간단하게 서로 인사하고 담소를 나누도록 유도하였다. 처음에는 부정적으로 생각하던 팀장들이 대부분이었다. 그럼에도 불구하고 아침에 모이도록 지시하였고, 업무시작 전에 한자리에 모여서 담소도 나눌 시간을 만들었다. 또 팀장 중 성악을 배우고 있는 사람에게 가곡을 부르게 하는 등 아침에 서로 좋은 만남을 공유한 후 각자의 업무를 보는 시스템을 구축하였다. 직원들에게 규정 이상으로 의미가 있고 성과를 낼 수 있는 감성경영으로 좋은 관계를 만든 시간이었다.

나는 지금도 직장에서 열심히 쌓아온 나의 전문성과 경험을 후배들을 위해서 유튜브로 한 번씩 공유한다. 누군가는 나의 경험과 스토리로 도움이 되기를 바라는 선한 영향력을 주고 싶은 마음이다. 한 번은 이런 일도 있었다. 몇 년 전 내가 현장소장으로 있을 때 철골 협력사의 소장이 중동지역 국가에 가서 일하고 있었는데, 우연히 문 부사장의 유튜브를 보고 어려운 환경 속에서 마음이 무거운 가운데 힘을 얻게 되어서 감사하다는 인사를 문자로 받았다. 너무나 감사한 일이다.

이처럼 감성 리더십은 조직의 성과와 업무 집중에 좋은 영향을 미친다. 따라서 기본적으로 리더의 자질 중 하나로 감성 리더십을 적극적으로 활용해서 성장과 발전을 도모해야 하는데, 현실은 그렇지 못하다. 주변에 있는 조직의 리더들을 보면 자신의 아집과 비평으로 후배 사원들을 판단하고, 권위로 업무지시를 하며, 규정과 규율에 의해 움직이게 만드는 조직의 리더들이 조직의 문화와 분위기를 침체시킨다. 부하들에게 선한 영향력을 미치고 갈등을 원만하게 해소하면서 팀과 조직을 감성으로 잘 이끌어내는 리더가 있는 조직은 살아 움직이면서 생기가 넘친다. 나는 그런 선한 리더가 기업의 리더, 조직의 리더가 되어야 모두가 발전할 수 있다고 믿는다.

나만의 열정으로 만든 작품들

■ 우리는 살아가면서 수많은 직업이 있는 것을 알게 된다. 솔직히 말해서 직업에 귀천이 없다고들 말하지만 현실은 꼭 그렇지만은 않다. 수십 년간 직장 생활 하면서 편하게 출퇴근하며 쉽게 돈 버는 사람도 있고, 새벽부터 늦은 시간까지 열심히 일하지만 늘 빠듯하게 사는 사람들도 많다.

그래도 다행히 나는 경제 성장기의 혜택을 받은 세대다. 하지만 요즘 청년들은 대기업과 공사 등 나름 좋은 회사에 취업하기가 쉽지 않다. 나는 오랫동안 직장 생활하면서 나만의 열정이 들어간 작품들이 많다. 너무나 감사한 일이다. 얼마 전에 법조계의 부장판사 출신 변호사 지인을 만나서 다과를 함께하며 많은 얘기를 나누었다. 담소 중에 그는 판사를 하면서 수십 년 동안 몇 평짜리 사무실 안에서 사건 사고를 분석하고 재판만 했는데, 문 부사장은 직접 만든 작품들이 전국에 많이 있어서 부럽다는 얘기를 들었다. 지금 생각해 보면 감사한 일이다.

보통 사람들은 본인이 사는 집 한 채를 지으려면 3년은 일찍 늙는다고 하는데, 나는 대규모의 건물을 수십 개 이상 직접 건설했으니 말하기 어려울 정도의 힘든 과정도 있었지만 그만큼 큰 보람도 있다.

나의 땀과 열정이 들어간 작품들

첫 직장 기아자동차 그룹 ㈜기산에 입사해서 기사 시절에 처음 투입된 현장이 동원금속 경산공장 신축공사이다. 그때가 1988년이었고 88올림픽이 있었다.

나는 아무것도 모르는 신입 기사로 동원금속 현장에 배치받아서 가 보니 대형 공장을 건설하는 중이었고, 자동차 부품을 생산하며 기계기초와 생산라인 공장동, 사무동 등을 신축하고 있었다. 현장의 규모는 내가 상상한 것 이상이었다. 현장 건축기사로 새벽부터 밤늦게까지 일했다. 현장에 샌드위치 패널로 만들어진 숙소가 있었고 현장 내에 식당도 있어서 거기서 숙식을 하면서 생활을 했다. 비가 오면 물이 고이는 부분은 양수기로 직접 물을 퍼올리며 일용직 근로자보다 더 열심히 일했다. 많은 사연이 있지만, 그중 한 가지만 소개해 보겠다.

공장 바닥을 마감할 때는 바닥 콘크리트 타설 후 콘크리트가 약간 굳으면 컬러 쇳가루(Hardener)를 뿌려서 바닥을 평탄하게 하면서 강도를 향상시키는 바닥미장 작업을 진행한다. 이 바닥 평탄 작업은 밤을 새우면서 이어진다. 그러면 담당기사는 평탄 작업 하는 것을 지켜 보면서 수평 장비를 이용해서 수평 평활도를 체크하고 또 쇳가루 뿌리는 양을 적절하게 시공하는지 감독하면서 부족한 부분은 보완하도록 지시한다. 그렇게 작업하다 보면 밤을 새우는 것은 기본이다.

그날도 바닥 평탄 작업을 감독하면서 새벽 2, 3시경에 사무실 난로 옆에서 좀 쉬고 있는데, 그때 마침 현장소장이 밤에 현장 확인차 와서 담당 직원이 현장에 있지 않고 사무실에 앉아 있다고 새벽에 호되게 꾸중 들은 기억이 있다. 지금은 그렇지 않지만, 그 당시는 현장소장의 파워가 대단했을 때이다.

기억에 남는 또 하나의 현장은 대구예술대학교이다.

대구예술대학교는 칠곡에 있는데, 4년제 종합 예술대학이다. 당시에는 돈보스꼬 예술대학이라고 하였다. 높은 산 중턱에 학교가 위치하여 있는데, 공사를 수주하고 학교가 세워질 부지에 가 보니까 길이 없어서 도저히 접근할 수가 없었다. 한국전쟁 때 다부동 전투로 유명한 그 지역이다. 심지어 산 중턱에서 공사를 하면서 신발을 벗어 놓으면 신발 안에 뱀이 들어가 있을 정도로 뱀들이 많은 오지에 험지였다.

처음에는 놀랐지만, 그것도 시간이 지날수록 익숙해졌다. 공사 초기에는 정말로 막막했지만, 산으로 진입로와 화물차가 올라갈 수 있는 길을 만들면서 쉽지 않은 난관을 극복해 대학교를 건설했다. 산속 계곡물이 흐르는 옆에 족구장을 만들어서 소장님 이하 직원들이 재미있게 족구를 하면서 '더 원팀'이 되어서 깊은 산속에 예술대학을 건설한 것이다.

그 외에도 ㈜기산에 10여 년 근무하면서 대구 대곡 주공아파트 턴키 신축공사, 삼립산업 공사 등 많은 작품들을 남겼다.

하지만 1997년 IMF 시절에 기아 사태로 회사가 어려워지면서 나는 코오롱 건설로 옮겨서 근무하게 되었다. 부산의 엄궁 코오롱 아파트 신축 현장과 마산의 유로타운 아파트 신축 현장에서 근무하였고, 특히 마산 유로타운 현장은 약 5,000세대의 대규모 주택 현장인지라 주변 동네 주민의 민원이 심했다.

특히 코오롱에서 근무하면서는 나에게 깊은 영감을 주신 이 소장님을 만난 것에 대해 감사한 마음이 각별하다. 이 소장님은 고등학교 출신으로 그 당시 코오롱에서 전설적인 소장이었다. 내가 나름의 아이디어를 제시하면 적극적으로 반영해 주었고, 매일 아침마다 현장의 구석구석 순시하면서 우수한 품질이 구현되도록 의견을 제시하였다.

마산 유로타운 현장에서 나는 공무와 안전을 책임지는 총괄팀장직으로 일하면서 엄청나게 심하게 집회하는 지역 민원인들과 협의를 통해 문제를 풀면서 현장 관리를 하였다. 아침 체조시간에는 체육전공 학생들을 불러서 근로자들이 잘 따라할 수 있는 동작으로 체력단련을 시켰다. 그 현장에서 건설 엔지니어와 현장 관리자로서의 기본적인 소양을 세팅시킨 후, 나의 발전과 더 나은 성장을 위해서 1999년에 신세계 건설 경력사원으로 입사해서 본사와 현장을 두루두루 다녔다.

나를 키워준 신세계

지금은 견실한 대형 건설사로서의 확실한 자리매김을 하고 있지만, 처음 신세계 건설 입사 시 회사의 분위기는 지금과는 다소 달랐다. 하지만 성장하는 회사에서 중추적인 역할을 하면서 함께 내 커리어를 키웠고, 많은 경험을 할 수 있었다.

나에게 주어진 첫 번째 프로젝트는 기존에 운영 중인 신세계 백화점 천호점을 이마트로 리뉴얼 하는 현장이었다. 첫 현장소장으로 부임해서 이마트 본부의 본부장을 만나서 미팅을 하는데 2000년 1월 1일에 오픈할 수 있도록 공사를 추진해 달라는 요청을 받았다. 도저히 말이 안 되는 일이었다. 불과 45일밖에 남지 않은 시점이었다. 25일 만에 백화점을 철거하고, 건물을 구조보강하며, 엘리베이터도 더 설치해서 이마트로 오픈을 하겠다는 것이다. 공학적으로 기술적으로 도저히 할 수 없는 일을 발주처에서 현장소장인 나에게 시키는 것이었다. 하지만 나는 경력사원으로 입사한 신세계의 첫 현장소장이니 내 자존심과 커리어가 걸린 문제였기에 못 하겠다고 할 수도 없었다.

결론부터 말하면, 2000년 1월 1일 그랜드 오픈에 성공했다. 고객들이 워낙 많이 와서 출입구 셔터를 몇 번이나 내리고 올리고 할 정도의 대성황 속에 개점을 했다.

성전을 부수고 사흘만에 다시 짓겠다고 하신 예수님도 아니고, 나는 어떻게 이 공사에 성공했을까?

그 노하우는 시간 관리였다. 천호 이마트 리뉴얼 공사 45일 동안 나는 일일 관리가 아니라 시간 단위 관리를 했다. 24시간 내내 현장에서 일을 하도록 계획하였고, 함께한 직원들도 많은 고생을 했다. 솔직한 심정으로 나는 목숨 걸고 일하다시피 했고, 일 하다가 쓰러지면 길 건너 병원에 누군가가 옮겨줄 거라고 생각하면서 물불을 가리지 않고 작업에 집중했다. 나에게는 짧은 공기의 현장이지만, 내 삶에 엄청나게 큰 임팩트를 남긴 현장이다.

한편 또 하나 기억에 인상 깊은 이마트 월계점도 23,000평 부지 주변이 서민 아파트로 둘러싸였고 교회와 버스회사가 바로 옆에 있었다. 공사 시 주민들의 민원이 심해서 당초 현장소장은 민원인이 오면 본사 또는 그룹의 관련팀으로 연결했던지라 본사와 그룹에서는 그 소장에게 좋은 이미지를 가질 리 만무했다. 그러던 중 초기 공사가 진행 중인 월계 이마트 소장으로 내가 새로 부임하였고, 민원인들의 집회와 요구사항을 감당하기가 쉽지 않았다. 하지만 나는 민원인들을 계속 만나면서 설득하고 좋은 관계를 유지하면서 소통하였고, 본사나 그룹으로 민원 전화가 안

가게끔 현장에서 해결하였다. 한 번은 강성 민원인이 휘발유를 뿌려서 구치소에 수감되었을 때 구치소에 가서 면회도 하고 영치금도 넣어 주고 하면서 서로 관계 회복을 하기도 하였다.

그 이후에 광주 신세계 백화점, 이마트 사옥, 강남 메리어트 호텔 리뉴얼 공사, 한남동, 백현동 오너 프로젝트 등 다양한 프로젝트를 수행하였다. 그리고 스타필드 공사 준비를 하면서 이마트 때도 그랬듯이 처음 시도할 때는 많은 도움이 될만한 대상의 건축물들을 직접 보고 느껴야 했기에 두바이, 싱가폴, 홍콩, 미국, 영국, 호주 등 많은 복합 쇼핑몰 현장을 견학해서 적절한 아이템을 많이 적용했다. 특히 스타필드를 계획할 때 나는 담당 임원으로서 팀장이랑 팀원을 데리고 셋이 두바이 몰에서 레이저 건을 이용해 천장고 높이, 내부 동선의 폭과 길이 등을 체크하고 있었다. 그런데 보안 경비를 하는 관리자가 와서 사무실로 따라오라고 했다. 가보니 경찰차가 출동해서 우리를 돛단배 형상으로 만든 버즈알아랍 호텔 옆에 있는 경찰서로 데리고 갔다. 거기서 우리는 경찰의 심문을 받고 한쪽 의자에 앉아 있는데, 백인, 흑인 등이 손에 수갑이 채워져 경찰서로 들어오는 것을 보고 '저 친구들 뭔가 크게 잘못해서 저렇게 되었나'라고 생각하고 있는 중에 경찰이 우리에게도 와서 핸드폰과 소지품 일체를 압수하고 수갑을 채웠다. 3명을 2개의 수갑으로 묶어서 채워버린 것이다. 나와 팀원은 한 손에 김 팀장은 양손에 수갑이 채워져서 오후에는 경찰서 인근 병원으로 옮겨져서 피검사, 지문 검사, 신체검사 등을 받았다. 우리나라 지문 검사와 다른 점은 우리는 엄지, 검지, 손가락을 하는데 두바이는 손바닥에서 팔목까지 한번에 잉크를 묻혀서 검사한다는 사실이다. 그렇게 검사를 마치고 어두워지는 저녁에 숙소인 호텔까지 경찰차로 데려와서 호텔에 있는 우리의 물건을 다 확인하고 난 후 풀어 주었다. 우리는 다음날 바로 스케줄에 따라 영국으로 떠났다. 이렇듯 스타필드 탄생에는 나만의 비하인드 스토리가 많이 있다.

한편 단독주택 시공에서 기억에 남는 일이 있다면 바로 한남동 오너 프로젝트이다.

해마다 한국부동산원에서는 표준주택을 선정한다. 쉽게 말하면 가격이나 용도, 외관 등 주택의 다양한 정성적·정량적 측면을 평가한 후 각 지역의 대표성을 지닌 주택을 선정한 것이다. 그중 수년째 1위를 놓치지 않는 주택이 바로 한남동 신세계 오너의 자택이다. 대한민국 최고의 단독주택을 건축하면서 나만의 열정으로 재료와 마감, 꼼꼼한 시공을 해 최고의 건물을 만들었고, 거기서 일하도록 배려해 주신 회장님께 늘 감사를 드린다.

이처럼 내가 경험한 많은 작품들이 있지만, 나의 열정과 혼, 땀을 쏟아부어서 큰 성과를 만든 것은 신세계 동대구 복합 환승센터이다. 일본의 도시 시스템은 철도를 중심으로 상업시설, 사무시설, 근린생활시설, 주거시설 순으로 계획되어 있는 것을 볼 수 있다. 우리나라도 최초로 국토부 공모 사업으로 복합 환승센터가 성공한 프로젝트는 유일하게 동대구 복합환승센터이다. 그래서 공사 추진 중에 국토교통부, 철도시설관리공단, 대구광역시 등 유관기관과 계속 협의하면서 만들어 낸 멋진 작품이다. 오래된 지역에 건설되어 도시의 공간적 위상을 변화시키는 연면적 12만 평 규모의 긍정적 파급력을 지닌 작품이며, 그 지역에서 최고의 백화점과 문화시설 고속버스, 시외버스 터미널 등 비행기 외에는 모든 교통망이 연결되는 최고의 시설이다.

안전은 생명이다

■ 현장에서 일하면서 정말 전혀 생각하지 않은 곳에서 사고가 나는 경우를 종종 목격한다. 그리고 요즘은 너무 과하다고 느낄 정도로 안전에 대해 교육하며 예방에 대한 시설물을 설치하고 사고를 사전에 방지하기 위해서 다양한 노력을 하고 있다. 현장에서는 이른 아침 작업 시작 전에 모두 모여서 그날의 안전 관련 유의사항을 전달하고 공유하면서 사고에 만전을 기하고 무재해를 위하여 모두가 한마음으로 일을 시작한다.

하지만 대형 프로젝트 소장인 나는 여기저기서 소소하게 발생하는 이런저런 사고를 완벽하게 무재해로 만들 수 있는 방안 등에 대해 늘 현장을 점검하는 동시에 고민하고 지시하며 적용하면서 문제점을 개선해 나갔다.

전국 현장의 소장실에는 표구로 "안전은 생명이다"라는 액자가, 현장 곳곳에는 현수막으로 "안전은 생명이다"라는 표어가 모두 볼 수 있도록 전국 현장에 보급되어 있다. 현장에서 "안전은 생명이다"라는 구호도 외치도록 하면서 관리를 하지만, '소소하게 나는 사고를 멈출 수 없을까?' 늘 고민하면서 나는 내가 관리하는 현장의 구호부터 바꾸었다. 가만히 숙소에서 생각하던 끝에 "계획은 철저하게, 시공은 꼼꼼하게, 우리 모두 안전하게"로 표어를 수정하도록 해서 스티커를 만들어 근로자 모두의 안전모에 붙였다. 그리고 관리자들은 책상 위에서도 항상 이 표어를 보고 인식할 수 있도록 하였다. 나의 기본적인 생각은 무엇이든지 계획을 철저하게 하면 실수할 확률이 분명히 줄어들고, 시공은 좀 더 꼼꼼하게 해야 품질과 안전사고를 줄일 수 있다는 것이다.

안전은 생명이다. 구호만 하고 각자의 몸으로 그것을 느끼지 못하면 공허한 메아리와 다름없다.

한 사람이 20명이다

현장에서 근무하면서 안타깝게도 안전사고를 당하는 경우를 보게 된다. 너무나 안타깝고 일단 사고로 다친 근로자에게 신속하게 그리고 충분하게 최고의 의료시설과 의료진으로부터 치료를 받도록 관리했다. 혹 안전관리자 중에서 현장에서 근로자가 다쳤는데 남의 일처럼 대수롭지 않게 대하는 직원은 나에게서 심할 정도로 꾸중과 질책을 받았다. 나는 기본적으로 우리가 여기서 편하게 일할 수 있는 것은 근로자들이 각자의 위치에서 열심히 일하기에 가능하다고 생각하기 때문이다. 안전사고로 다치면 꼭 관리팀장과 같이 병원에 위로차 근로자가 입원해 있는 병실에 방문하는데, 내가 느끼는 것은 보통 근로자 1명당 최소 가족 20명 이상이 그 영향을 받는 것을 알 수 있었다. 가정의 가장이 되는 근로자가 다쳤을 경우 아내와 자녀들 그리고 부모 형제와 처갓집 식구까지 생각하면 최소 20명 이상이 되었다. 그렇기 때문에 현장에서 근로자 한 명을 한 명으로 보면 안 되고 최소 20명으로 인식하고 사고가 발생하지 않도록 관리를 해야 한다. 한 명의 근로자이지만 한 가정의 가장이며 자녀들의 자랑스러운 아버지이고 소중한 이웃이다. 따라서 관리자들은 특별히 그들에게 본인이 제공할 수 있는 최상 조건의 작업 환경을 구축하도록 노력해야 한다. 그런 개념이 있어야 관리자로서 자질이 있다고 생각한다.

앞으로 가면 갈수록 안전에 대한 욕구와 중요성은 강조될 것이다. 그런데 안전을 잘 관리하기 위해서는 물론 안전관리 지식도 중요하지만, 그것보다 더 중요한 것은 긍휼의 따뜻한 마음이고 서로 신뢰할 수 있는 감성 안전이라는 사실의 중요성을 깨달아야 할 것이다.

안전관리의 핵심, 감성 안전

아무래도 현장은 예전의 군대문화처럼 남성적이고 딱딱한 분위기이다. 이런 경직된 분위기와 문화에서는 좋은 아이디어와 유연한 사고를 만들기가 쉽지 않다. 나는 근로자들의 안전을 위해서 무엇보다 중요한 것이 서로 위로하고 배려하는 따뜻한 분위기 속에서 작업하는 것이며, 그래야 안전사고도 줄일 수 있다고 생각해 왔고 또 그렇게 되도록 실천했었다.

감성 안전이란 근로자 스스로 마음을 움직여 안전의식을 갖춘다는 의미이다. 건설 현장에서의 불안전한 행동과 의식을 없애고 안전의식을 확산시키기 위해 현장의 모든 근로자들이 스스로와 동료들을 존중하고 신뢰하며 배려하는 마음을 바탕으로 스스로의 안전의 중요성을 알고 사고 예방을 위해서 자발적으로 안전관리 활동에 참여할 수 있어야 한다. 스스로 깨닫고 행해야 마음도 즐겁고 존중받고 있음을 느낀다. 그래야 근로자도 현장에 대한 신뢰와 애정을 키워간다. 그리고 이러한 신뢰와 애정은 자신과 동료의 안전을 돌보는 데까지 확대된다. 나는 이것이 감성 안전의 핵심이라고 생각한다.

나는 아침 작업 시작 전에 근로자들과 함께 모이는 조회에서 항상 마이크를 잡고, 우리가 아침부터 남들보다 더 열심히 일하고 노력하는 것들이 결국에는 좋은 결실을 맺으면서 근로자 각자에게도 좋은 일들이 있기를 바라는 메시지를 힘 있고 감동스럽게 늘 연설하면서 전파하였다. 진정어린 마음과 감정으로 그들을 대하였다. 형식적인 대응으로는 그들의 마음을 얻을 수 없고 현장 분위기는 차가울 수밖에 없다. 나는 현장 근로자들의 안전과 보건 위생에는 최상의 조건을 유지하도록 하였고 그들이 작업 중에 조금이라도 피곤하면 쉴 수 있는 쉼터 등을 여러 곳에 설치했다. 점심 후에는 잠시 낮잠을 잘 수 있는 시설도 만들어서 그들이 편하게 쉴 수 있도록 배려하였다. 이렇게 지속적인 노력으로 현장의 분위기는 좋아지면서 소소한 사고들이 확실하게 적어지는 것을 체험했다. 따라서 안전관리의 핵심에는 규정과 규율도 물론 중요하지만 그에 상응하게 중요한 요소가 감성 안전 활동임을 확인했다. 물론 관리자 입장에서는 좀 번거롭고 귀찮은 부분이 있겠지만, 기본적인 긍휼의 마음으로 근로자들을 내 가족과 내 형제처럼 여긴다면 따뜻하게 감성으로 다가가는 것이 그 무엇보다도 소중한 요소이다.

안전은 생명이고 우리는 그 소중한 생명을 잘 지키기 위해서 규정과 규율을 넘어 따뜻한 인간애로 서로를 존중하는 분위기를 만들어 가면 훨씬 좋은 성과와 결과가 도출되리라 믿는다.

인생의 판을 바꿔라

■ 우리는 늘 아침에 일어나 출근하고 퇴근하면서 바쁘게, 여유 없이, 늘 시간이 부족한 상태로 살아가면서 생활한다. 나의 가슴을 뛰게 하는 꿈과 목표에 대해서 진지하게 생각해 볼 시간도 없고 여력도 없이 지낸다. 사회생활을 하면서 항상 회사 눈치, 상사 눈치, 가족 눈치를 보다가 정작 나다움은 잃어버린다. 한 번 사는 인생인데, 우리는 모두가 뭔가를 열심히는 하고 있는데, 막상 목표와 꿈, 방향이 없이 바쁘기만 한 인생은 아닌지 되돌아보게 된다. 하지만 우리는 너무나 잘 알고 있다. 깨닫고 후회해도 아무것도 하지 않으면 아무 일도 일어나지 않는다는 사실을 너무나 잘 알고 있다.

우리는 나의 가치를 위해 나만의 기준을 세워야 한다. 그 누구의 비판과 태클에도 흔들리지 않는 나만의 기준이 확립되어 있어야 거친 세상에서 흔들림 없이 살아갈 수 있다. 오프라 윈프리는 인생의 승리자가 되려면 반드시 자기 인생을 책임지는 사람이 되어야 한다고 했다. 과거에 머물러 그 과거가 현재의 당신을 지배하게 방치한다면 결코 성장할 수 없다고 말했다. 정말 공감이 되는 말이다. 나도 대기업, 좋은 회사의 부사장으로 근무하였다고 지금도 과거의 생각에 사로잡혀 있다면 나의 진정한 발전은 없을 것이다. 왕년에 아무리 잘 나갔어도 변화한 사회에 다시 뛰어 들면 완전 제로에서 시작하는 초보의 마인드로 시작해야 한다.

나만의 통찰력을 키우자

내가 생각하는 통찰력은 많은 경험과 지혜가 쌓여야 생길 수 있다. 순간순간의 빠른 의사결정이 리더에게는 너무나 중요한 문제다. 기업의 대표나 임원뿐만 아니라 팀장, 팀원들과 무언가 순간적인 판단을 할 때 사람의 무의식이 작동한다. 대부분은 짧은 순간 입력된 단편적 지식들이 본인의 무의식에 저장되어 있던 경험들과 복합되어 편향되거나 비이성적인 판단을 내리는 우를 범한다. 실제 상황과는 전혀 상관없는 의사결정을 하게 되는 것이다. 그것도 상대방의 외모나 목소리, 그날의 날씨와 전날의 수면 상태에 따라서 의사결정이 달라지는 경우를 경험한다.

직관적·순간적인 판단으로는 감각적 결정이라면 몰라도 합리적인 의사결정을 내리기는 쉽지 않다. 하지만 우리가 통찰력을 지니면 순간적인 지혜로운 판단을 통해서 엄청난 이득을 얻을 수 있다. 요즘처럼 빠르게 돌아가는 시대에 리더들에게 필요한 것은 빠른 판단력과 통찰력 있는 의사결정 능력이다. 따라서 리더는 경험이 많고 축적된 데이터가 풍부할수록 짧은 순간에도 올바르고 빠른 의사결정을 할 수 있다. 경험이 부족한 리더는 업의 본질과 상관없는 정보들, 예를 들면, 상대방의 외모, 목소리, 옷차림, 그날의 기분 상태 등에 영향을 받아 엉뚱한 결정을 내리게 된다.

더욱 최악의 리더는 아무 의사결정도 안 하는 관리자이다. 정말 최악이다. 현장과 현업부서에서는 정신없이 바쁘게 움직이는데 그 일정에 맞추어서 의사결정을 안 내리면 모두가 일하는 것이 늦어질 수밖에 없다.

보이는 것보다 보이지 않는 것이 더 소중하다

우리는 살아가면서 너무나 소중한 것을 깨닫지 못하고 있는 게 아닐까? 어릴 때부터 외부로 나타나는, 예컨대 공부 잘해서 좋은 직장에 취업하고 고연봉 받으며 높은 직급까지 올라가서 임원으로 직장 생활을 마무리하면 아주 잘 살아온 인생으로 생각한다. 또한 세속적으로 지인보다 돈이 많거나 좀 더 비싼 동네에 살면 성공한 인생이라고 생각하는 경향이 있다. 과연 그렇게 생각하고 살아가는 것이 맞을까?

우리가 한평생 살아가면서 가장 많이 먹는 것이 공기다. 그런데 우리는 살아가면서 공기의 소중함을 깨닫지 못한다. 마찬가지로 우리의 일에 있어서 무엇보다 소중한 가치를 모르고 사는 것은 아닌지 생각해 봐야 할 일이다. 피곤한 몸으로 퇴근해서 저녁에 집에 있으며 무언가 소중한 가치를 찾는 사람은 책을 보고 공부를 하며 자신의 가치를 높이기 위해서 노력한다. 하지만 그렇지 못한 대다수 직장인들은 비전에 대한 생각과 노력은 안 하고 텔레비전만 보고 있다. 결국 이렇게 수년을 살아가면 비전과 목표를 가지고 자신의 가치를 추구하는 사람과 그렇지 않고 텔레비전만 보는 사람과의 차이는 엄청나게 벌어질 수밖에 없다.

보이는 것보다 보이지 않는 것이 더 아름다울 때가 많다. 유한한 인간의 눈으로 짐작할 수 없는 아름다운 것들이 참으로 많다. 품고 있는 선한 생각이나 마음이 그렇고, 은밀한 구제나 베풂이 그렇다. 생텍쥐페리는《어린 왕자》에서 "가장 중요한 건 눈에 보이지 않아"라고 했다. 우리에게 소중한 것들은 평소에 잘 느끼지 못한다. 소중함을 깨닫게 되는 때는 이미 그 소중한 것이 사라지고 난 다음일지도 모른다. 가족이 얼마나 소중한가, 가족의 사랑은 늘 우리 곁에 있지만 우리는 그 소중함을 잊고 산다. 우리는 숨을 30초도 참기가 힘들다. 공기의 소중함을 모르고 산다. 신뢰 또한 얼마나 중요한가, 상대가 나에게 배푼 모든 것들의 고마움을 모르고 우리는 당연히 요구하기만 한다. 더 원하는 순간 신뢰는 깨지고 뒤늦은 후회를 한다. 젊었을 때 행한 행동의 결과는 반드시 노년에 온다고 한다.

젊었을 때 술을 많이 먹고 늘 담배를 피우며 운동도 안 하면서 수십 년을 생활하면 노년에 반드시 질병이 온다. 외부로 보이는 건강한 모습은 하루하루 보이지 않는 좋은 습관의 결과이다. 본인이 형편없이 산 결과로 본인만 힘들면 다행인데, 결국에는 주변의 가족과 자녀들까지도 힘겹게 만든다. 본인의 잘못된 행동과 습관의 결과가 온 가족에게 피해를 주는 것을 주변에서 많이 보면서 가치 있지만 눈에 보이지 않는 소중한 것을 빨리 깨닫고 지혜로운 삶을 살아가는 사람들이 많아지기를 기대한다.

우리는 살아가면서 진짜 소중한 것을 놓치는 일이 없는지, 우리가 어디로 가고 있는지, 방향은 맞는지 늘 묵상하고 생각하고 궁리하면서 삶의 방향을 잘 잡아 나가야 한다. 그럴 때 적어도 5년 후 우리의 모습은 더욱 성숙되고 발전하는 삶이 되리라 확신한다. 살아가면서 진짜와 가짜를 구분만 잘해도 그 사람은 성공할 확률이 높다. 보이지 않는 소중한 것의 진정한 가치와 본질을 늘 생각하면서 살아가는 우리가 되기를 소망한다.

2장

조직과 나의 능력을 극대화하는 리더십

프로젝트의
핵심 PSTC(목표, 안전, 시간, 비용)

■ 내가 현장 책임자로서 직접 관리하면서 만든 건물이 전국적으로 많이 분포되어 있다. 대규모 아파트, 한남동의 이명희 신세계 회장의 최고급 주택, 백현동 정용진 부회장의 최고급 주택, 공장, 신세계 광주백화점, 대형할인점, 이마트 본사 사옥, 연수원 등 다양한 용도의 건물들이다. 덕분에 감사하게도 많은 경험을 했고 매년 주요 일간지에서에 발표하는 최고급 단독주택 베스트 TOP 10에 내가 책임자로 건축한 집이 3채나 있어서 감사하게 생각한다.

나에게는 정말 멋진 경험이었고, 좋은 경험을 할 수 있는 기회를 준 회사에 감사드린다.

절대 가고 싶지 않았던, 예산 1조 원 초대형 공사

모두가 소중한 경험이지만 그중에서 나에게 가장 힘들고 보람 있으면서도 나의 역량을 펼쳐서 주변에 선한 영향력을 끼쳐 성공적으로 수행한 프로젝트는 동대구 복합환승센터 현장이다.

공사 규모가 연면적 약 12만 평, 공사 비용도 약 1조 원이 투입된 대규모 프로젝트이며 너무나 복잡하고 어려운 현장이었다. 그래서 본사 및 타 현장의 직원들 누구도 동대구 복합프로젝트 현장에 발령이 안 나기를 바라는 분위기였다. 비슷하게, 롯데 그룹에서도 롯데건설 인력이 가고 싶지 않은 곳이 롯데마트 현장인 것으로 알고 있다. 짧은 공사 기간 내에 대규모 할인점을 만들어내야 하다 보니 타 현장보다는 고생을 많이 하는 것이 사실이다. 아파트 현장 같은 경우는 기준층만 잘 설치가 되면 일이 쉬워지지만, 대형할인점은 그렇지가 않다. 나는 그때 본사에서 전국 현장을 관리하는 공사담당 임원의 업무를 잘하고 있었는데, 대표께 전화가 왔다. 내용인즉, 문 상무가 힘들고 어려운 대구 현장소장으로 가셔야 하겠다는 것이다. 그 현장의 책임자가 될 만한 사람이 없어서 문 상무를 그룹과 협의해서 발령냈다고 직접 통보하신 것이다.

지금은 동대구역 고속버스터미널, 시외버스터미널이 신세계 백화점과 함께 체계적인 교통 환승, 쇼핑 복합 시설로 구축되어 있어서 시민들이 편하게 이용할 수 있다. 하지만 그 당시는 정말 불편하고 대도시의 터미널이라고는 상상도 못 할 정도로 낙후된 시설로 운영되고 있었다.

대구 현장에 책임자로 가서 보니 먼저 선발대로 내려온 직원들이 30여 명 있었고, 계획된 부지 안에 대형 하수관거 이설공사와 동촌 유원지 인근의 아양철교 명소화 공사를 기부채납 공사로 진행하고 있었다.

현장의 직원들은 모두가 어두운 표정들을 하고 있었다. 나는 패잔병 같은 모습을 하고 있는 직원들의 분위기를 쇄신하고 싶었다. 새롭게, 활기차게 그리고 할 수 있다는 의욕에 찬, 적극적이고 보다 생동감 넘치는 조직으로 만들고 싶었다. 그 일환으로 직원들에게 '우리만의 복장' 등을 비롯해 좋은 아이디어와 다양한 의견을 낼 수 있도록 유도했다. 하지만 영 반응이 신통치 않았다. 보통 직원들은 새로운 것을 얘기하면 긍정적 반응보다는 변화에 대한 두려움이 앞서 먼저 이처럼 난색을 표하게 마련이었다.

PSTC 스피릿

정말 암담했다. 공사 현장은 분위기가 핵심인데 방법을 찾을 수 없었다. 현업을 하면서도 머릿속은 온통 이 생각뿐이었다. 1조 원이나 되는 이 공사 현장에서 공사의 성공과 나를 포함한 직원 모두의 안전을 위해 중요한 정신과 마음가짐이 무엇일까에 대해 늘 골몰했다.

그러던 중 주말에 집 근처 양재천을 산책하다가 PSTC 스피릿을 고안하게 됐다.

핵심 키워드는 목표(Purpose)와 안전(Safety), 시간(Time)과 비용(Cost)이었다. 누가 들어도 가장 기본적인 단어지만, 기본이 최선이고 최고라는 것에 대해서는 이견이 없을 것이다. 이 단어를 기본으로 현장의 스피릿을 만들었고, 발전시켜 PSTC 정신을 동대구 복합환승센터 현장의 문화로 만든 것이다.

여기서 P의 의미는 'Passion', 'Purpose'의 약자이다. 목표와 열정이 있으면 성공할 수 있는 확률이 반드시 높아지게 마련이다. 모든 일과 삶에는 목표가 있어야 한다. 특히 대규모 복합프로젝트 현장은 더욱 목표 관리를 해야 한다. 그렇지 못하면 너무나 복잡하고 어려운 데다가 위험하기까지 한 일들이 많은 현장에서 여러 가지 문제들을 해결하기란 쉽지가 않은 일이다.

모든 일은 목표와 열정만 있어도 50% 이상 성공한다고 말한다.

직원의 목표, 협력사의 목표, 한마음과 원팀 정신으로 목표를 가지게 만들고 실천하도록 지속적으로 독려하였다.

S의 의미는 'Safety' 와 'Special'의 약자이며, 우리나라 최초의 복합환승센터를 건축한다는 자부심, 그리고 무엇보다 안전하게 하자는 의미로 만든 단어이다.

특히 근로자의 안전을 위해서 근로자 휴게소, 더운 날에는 얼음이 자동으로 만들어지는 제빙기 등을 설치했다. 그리고 피곤한 근로자들이 잠시라도 낮잠을 자고 샤워를 할 수 있는 시설 등을 갖추어서 육신의 피로를 조금이라도 쉴 수 있는 시설들을 만들었더니 현장 근로자들의 호응도 좋았다.

이제 도시가 발전하기 위해서는 교통시설, 특히 지하철과 광역철도 등의 시설이 필요하다. 예컨대, 일본의 주요 도시는 철도를 중심으로 해서 상업시설과 업무시설 그리고 근린생활시설, 주거시설 순으로 도시가 구성되어 있고, 우리나라도 그렇게 발전하리라는 생각이 든다.

국토부에서 전국 주요 도시의 효율적인 발전을 위해서 복합환승센터를 공모한 프로젝트 중에 전국에서 유일하게 성공리에 마무리된 것은 동대구 복합환승센터이다. 평균 3,000명이 넘는 현장 근로자들의 안전과 우수한 환경 관리를 위해서 새벽부터 늦은 시간까지 모두가 열심히 일하던 모습들이 아직도 내 기억에 생생하다. 그리고 함께 참여한 모든 이들에게 진심으로 감사를 드린다.

T의 의미는 'Time, Think, Thank'

무엇보다도 대형 프로젝트는 시간이 돈이라는 것이 피부로 느껴진다. 전체 일정에 맞게 공사가 진척이 되어야 예정된 예산으로 공사를 진행할 수 있는 것이다. 보통 공공 분야의 대형규모의 정부 공사들을 보면 예정된 공사 기간 내에 준공을 못 하고 계속 지연되어서 국민의 세금이 초과 투입되고 있는 것을 언론 등을 통해서 알 수가 있다.

민간 분야의 공사도 마찬가지이다. 계획된 마케팅 시점에 맞추어 오픈하지 못하면 백화점 같은 경우 시즌 브랜드 의류와 같은 계절적 유행 상품을 취급하는 업종에서 적자가 엄청날 것이다. 공사적인 측면에서도 공사 기간이 늦어지면 장비비, 간접비, 노무비, 경비 등 모든 비용이 추가된다. 따라서 사전에 계획을 세우고 일정에 맞는 발주계획 의사결정을 해야 할 아이템 등을 정리해서 시간을 놓치지 않도록 관리하여야 한다.

T의 두 번째 의미는 'Think', 즉 생각이다. 이러한 대규모의 복잡한 공사가 안전하게 일정에 맞추어 잘 진행될 수 있도록 항상 마인드맵이 있어야 한다. 공사의 처음부터 시작해서 공정 중간 과정 그리고 준공 후의 입주까지 현장의 책임자는 머리에 미리 그림을 그리고 있어야 일을 순조롭게 처리할 수 있을 것이다.

그리고 끝으로 이렇게 깊은 생각을 하다 보면 최종적으로는 감사한 마음, 즉 'Thank'까지도 생기게 된다. 이렇게 큰 프로젝트에 참여해서 핵심적으로 일을 한다는 것이 얼마나 감사한지, 정말 생각하면 할수록 감사한 마음을 느끼게 될 것이다.

C의 의미는 'Cost, Complete'

C를 강조하는 것은 'Total Cost', 즉 전체 공사비 내에서 공사를 완벽하게 하자는 의미이다. 초대형 프로젝트, 한 번도 경험하

지 못했던 새로운 프로젝트를 진행하면서 초기에 검토한 예상에 맞게 일사분란하게 공사가 진행되기는 쉽지 않을 것이다. 그렇기 때문에 공사를 진행하면서 예상되는 집행 내역을 비교 검토하면서 일을 해야 한다.

이렇게 'PSTC' 스피릿(Spirit)을 정리하고 가장 먼저 한 일은 4,000개의 배지를 만들어서 나부터 모든 팀장 이상의 관리자와 150여 명 직원들의 작업복에 착용하도록 한 것이다. 작업반장들과 경비 아저씨들까지 착용하도록 하고 PSTC의 의미와 스피릿을 지속적으로 교육하여 누구나 공감하고 이해할 수 있도록 사무실과 현장 출입구, 울타리에도 설치하도록 하였다. 현장 인원 자체가 공통된 스피릿으로 하나가 되고 이를 작업기간 내내 눈으로 보니 직원들도 점점 자신감에 찬 표정으로 변해 가는 것을 느낄 수 있었다. 한팀이라는 유대감과 일치감이 부여되자 현장 분위기는 기대 이상으로 좋아졌다.

현장 분위기가 쇄신되자 공기도 단축되었다. 터널이 새로 설치되고 지하철과의 연결 공사, 특수공법공사, 철도역사와의 연결 공사 등 정말 난이도가 높은 공사들이 산적해 있었다. 따라서 공기를 6개월 정도 연장을 한다고 해도 그 누구도 불만을 표할 관리자가 없을 정도였다. 그런데도 오히려 당초 공사 기간 대비 4개월 이상을 앞당겨서 공사를 마무리해서 준공과 그랜드 오픈을 한 것이다.

지금도 대구 신세계 백화점의 연매출 규모가 1조 원이 넘을 정도로 운영이 잘 되고 있고, 직원 및 현장에서 여러가지 힘든 조건에서도 묵묵하게 피와 땀, 눈물을 흘린 근로자 모두의 따뜻하고 헌신적인 노력이 아니었으면 절대로 만들어 낼 수 없는 성과를 이룬 것이다.

정말 멋진 역사를 만들었다는 마음이 내 마음속을 미소로 따뜻하게 만들어 주고, 그때 수고한 사람들의 얼굴이 아직도 나에게는 생생하게 맴돌고 있으며, 늘 축복하고 응원의 기도를 드리는 바이다.

One Team, One Goal
불가능을 꿈꾼다

■ 2002년 월드컵 4강의 신화가 있었을 때 전 국민이 한 팀이 되어서 응원한 기억이 아직도 생생하다. 국가적 집단 기억의 차원에서 광복 이후 우리나라에 이처럼 즐겁고 기쁘게 온 국민이 한 팀이 되어 공동의 목표를 향해 "대한민국"이라는 하나의 슬로건을 외친 적이 또 있었을까? 당시의 대한민국은 온 국민이 원팀의 스피릿에 도취되어 불가능을 가능케 하는 꿈을 꾸었다.

이처럼 회사든 어디든 모든 조직은 팀으로 구성되어 있다. 그룹의 부회장, 사장 등 모두가 신년사에서 "우리는 하나이고 한 팀이다", 즉 'One Team One Goal'을 강조하고 있다. 그리고 작게는 가족, 동네 모임, 작은 규모의 단체, 교회 모임 등, 크게는 올림픽, 월드컵과 같은 세계를 무대로 한 스포츠 경기 등에 이르기까지 규모의 차이는 있을지언정 우리 사회 어디에나 팀이 있다.

그런데 직장 생활을 하다 보면 팀에 대한 의미를 얼마나 알고 있을까? 생각해 보면 그저 의미 없이 직장에 출퇴근하면서 세월을 보내는 사람들이 의외로 많다는 것을 알 수 있다.

보통 대기업의 팀장들은 한 팀의 개념을 자기가 맞고 있는 그 조직에 국한해 생각을 하고 있는 경우가 많다. 한 공동체와 한 회사를 한 팀의 개념으로 생각하는 팀장들이 거의 없다는 것이다.

하지만 내가 생각하는 TEAM의 의미를 해석해 보면 이렇다.

T는 'Together', E는 'Every one', A는 'Achieve', M은 'More More'이다. 즉 누구든지 함께 모여서 더욱더 성과를 만들어내는 것이 TEAM의 진정한 의미이다.

혼자서 하기가 쉽지 않은 일들을 팀으로 할 경우 의외로 쉽게 이루고 만드는 경우를 많이 보았다. 나는 많은 프로젝트를 수행하면서 팀의 중요성을 잘 알고 있다. 팀원들이 서로 신뢰하고 마음만 맞으면 힘들고 어려운 일도 쉽게 할 수 있다. 솔직하게 말하면 일이 힘든 것보다 사람이 힘든 경우가 더 많다.

한 가지 사례를 들어보겠다. 광주 신세계 백화점과 이마트를 연결하는 지하 연결통로 공사를 준공이 임박한 시점에 시작하게 되었는데 도저히 준공 전에는 공사를 완성하기가 불가능한 상태였다. 하지만 그 복잡한 구간을 현장의 직원들과 아이디어를 내고 목표를 잡고 추진한 결과 63일 돌관공사(突貫工事)로 123m의 양쪽에 무빙워크가 있는 멋진 지하 연결통로를 만들 수 있었다. 지금도 많은 고객들이 잘 이용하고 있으며, 건축공학 개념으로는 도저히 가능하지 않을 것 같은 일을 현장의 직원들이 한 팀이 되어서 해냈고, 나도 새벽 2, 3시경에 현장에 나와서 독려하고 지원하며 일할 수 있는 여건을 만들어 주었다. 이런 경험들로 보건대, 나는 정말 목표를 세우고 하고자 하는 간절한 마음이 있으면 무엇이든 할 수 있다고 생각한다.

현장에서도 원팀을 이룬 팀과 그렇지 못한 팀의 성과는 여실히 차이가 난다. 현장의 업무를 들여다보면 전문 협력사의 근로자들이 대부분 팀 단위로 운영되고 있음을 알 수 있다. 그런데 같은 일인 경우에도 리더십이 있는 팀과 그렇지 못한 팀 사이의 작업량과 품질의 차이는 분명히 존재한다. 서로 마음이 맞아서 말하지 않아도 스스로 알아서 굴러가는 팀, 그런 팀이 사고 발생의 위험도 적고 품질도 더 좋게 만든다.

대규모 프로젝트를 추진할 때는 본인이 아무리 뛰어나다고 해도 주변에서 도와주지 않으면 절대 한 발짝도 앞으로 나갈 수가 없다. 현장소장인 나를 비롯해 부소장, 팀장들, 간부들, 협력사 간부들, 현장의 근로자들까지 모두가 한팀이 되어야 한다. 그리고 각 전문 파트별로 자기 일만 보지 말고 함께 한 팀으로 서로 협의할 때 비로소 정상적인 일이 진행된다고 봐야 할 것이다.

동대구 복합환승센터 공사는 나의 30년 건설 인생에서 가장 많은 에너지와 혼, 열정을 바친 프로젝트이다. 초기 인허가부터 준공하고 입점과 오픈하기까지 수많은 사연이 있지만, 그중에 하나 예를 들어 보겠다.

대형건물의 외부마감으로 스페인산 석재를 사용한 적이 있었다. 좀 더 정확하게 말하면 스페인과 포르투갈 접경에 있는 석산에서 채석한 석재이다. 동대구역 옆의 신세계 복합 환승 센터 외관을 본 사람은 알겠지만, 구조체 자체가 튀어나오고 들어가고 하는 기형학적인 구조물이며 전체의 건물 모서리는 직각이 아니라 예각과 둔각으로 된 석재 마감 건물이다. 이러다 보니 뛰어나온 건물 하부도 모두 석재 마감이었다.

나는 책임자로서 고민을 많이 했다. 물론 구조 설계상 안전율도 감안되었고 당연히 안전하게 설계된 사항이다. 설계도처럼 외부 천장 전체를 석재로 마감할 경우, 전체 구조물의 하중에 대한 부담이 증가한다. 물론 천장에 매달린 석재가 30~50년 후에도 완전히 안전하게 지탱되도록 완벽하게 시공은 하겠지만, 석재 기능공들이 철저하게 시공을 못할 될 경우의 리스크 등도 고려해야 한다. 따라서 현장 책임자로서 나는 천장 부위를 석재가 아닌 무게가 덜 나가고 안전한 재료를 설치해야겠다고 생각했다. 그래서 건축자재를 담당하는 노 팀장에게 지시해서 샘플 재료를 확보할 수 있도록 지시했다. 그에 따라 국내에서는 도저히 석재의 외관과 똑같은 재료를 만들 수 없다는 답변을 들었다. 하지만 일본 미쓰비시 계열회사에서 우리가 원하는 제품을 생산할 수 있어서 석재 외관과 같은 모양으로 건축물 외부의 하부 천장 부분을 시공하였고 거의 완벽한 수준으로 마감하였다. 이것이 바로 팀의 힘이라고 생각한다.

지하철 상부의 메가 트러스 공법도 마찬가지였다. 포스코와 협의하여 고강도 특수 철강재를 만들어서 건물 안으로 지하철이 지나가는 부위에 메가 트러스를 설치했다. 그리고 그 상부는 백화점 매장으로 운영되도록 만든 것인데, 이 역시 팀원 각자가 협력사와 한 팀이 되어서 만들어낸 작품이다.

리더의 역할이 핵심이다

리더의 역할은 너무나 중요하다. 특히 리더가 갖추어야 할 가장 중요한 덕목은 문제해결 능력이다. 현장에서 안전 문제, 품질 문제 등 리스크가 발생했을 때 문제를 해결하는 능력이 중요하다. 다음으로는 원팀 정신으로 팀을 관리하는 능력이다. 좋은 팀워크가 생겨야 좋은 성과를 만들 수 있으며, 이를 위해 팀의 리더들은 기본적으로 긍정적 마인드를 지녀야 한다.

하지만 현실은 그렇지 않다. 뭔가 비판을 하면 왠지 똑똑한 사람으로 보이는 것이다. 특히 CEO 등이 전문가가 아닌 경우는 더욱더 그렇게라도 해서 본인이 잘하는 것처럼 나타내려고 한다. 임원 회의 때는 그런 현상이 더 심하다. 정말 한심한 것은 대안이 없는 비판을 하는 자칭 '똑똑한' 임원들이다. 비판은 대안과 함께 제기될 때 진정으로 생산적인 가치를 지닌다.

예를 들면, 어느 현장이 안전에 문제가 있다면 문제점과 대책, 혹은 보완할 수 있는 방법까지 제시해야 올바른 생산적인 회의가 될 텐데, 그냥 문제만 있다고 비판만을 하고 있는 임원들을 보면 정말 귀하고 소중한 아침 시간에 무엇을 하자는 것인지 답답할 때가 많았다.

팀의 리더라면 누구나 할 수 있는 비판보다는 문제의 본질을 파악해서 해결책을 제시하는 보다 긍정적인 사람이 되어야 한다. 긍정의 가치는 무조건 좋게 보는 것이 아니고 주어진 문제를 파악해서 그것을 해결할 수 있는 능력에 있다. 보다 긍정적일 때 열정도 생기고, 결단력도 지니게 되며, 추진력도 갖춰진다. 이를 원동력으로 초기에 자신이 생각한 것보다 더 많은 성과를 만들어 낼 수가 있는 것이다.

나는 사람들이 힘들고 어렵다는 많은 프로젝트를 했지만 원팀의 정신을 가지고 역경을 이겨 왔다. 사람에게는 누구나 힘들고 어려운 일이 있고 문제가 발생한다. 문제가 없는 인생은 없다. 따라서 원팀 정신으로 나아갈 때 큰 성과와 좋은 일들이 생기리라고 확신하는 바이다.

20초 허그가 만들어 낸 거대한 에너지

■ 사람들이 세상을 살면서 어릴 때부터 수십 년간 형성된 생각과 습관 등 고정관념을 새롭고 유연하게 바꾸는 일은 쉽지 않다. 특히 건설 현장에서 일하는 근로자들은 다른 직업보다 더 많은 힘든 일을 함에도 불구하고 직업의 안전이 보장되어 있지 않다. 그래서 예전부터 현장에서 일하는 일용직 근로자에게 '노가다'라는 용어를 사용하고 있다.

솔직하게 말해서 배운 것이 부족하고 나름대로 열심히 살았으나 사업에 실패한 사람, 처음부터 학벌도 부족하고 기술도 없어서 현장에 뛰어든 사람, 그리고 인생의 성공을 위해 현장에서 막노동부터 시작하는 사람 등 모두 각자의 다양한 사연들이 있는 근로자들이 모인 공간이 바로 현장의 환경이자 이곳의 분위기이다. 따라서 대부분의 건설 현장은 군대와 비슷한 분위기와 위계질서를 유지하면서 운영되었다. 아침에 모여서 그들의 눈빛을 보면 온화한 빛을 띠는 사람이 약 30% 정도이고, 대부분은 세상에 대한 원한, 사회에 대한 불만, 피해자의 억울함 등으로 따스함을 느끼기 어려운 환경이었다.

특히 동대구 복합환승센터와 같은 초대형 건설 현장은 이런 상황이 더욱 극심했다. 현장 인원만 대략 3,000명 이상 되다 보니 다른 어떤 현장보다 다양한 배경을 가진 사람들이 많았다. 내가 만약에 이 현장에서 힘들게 여름철 37℃가 되는 날에 철근을 어깨에 메어 나르고, 레미콘 타설하고, 형틀 거푸집을 설치하는 현장 근로자라면 나 또한 세상을 바라보는 눈빛이 그들과 같았을 것이다.

대형 프로젝트의 성공은 결국에는 근로자의 한 사람 한 사람의 땀과 열정으로 만들어진다. 하지만 군대와 같은 건설문화로는 이 복잡하고 난관이 많은 현장에서 절대로 그들의 열정을 끌어내기 힘들겠다는 것을 직감적으로 느꼈다. 결론적으로 나만의 강점인 감성 리더십으로 현장을 만들어 가야겠다고 생각했다.

어색하기 그지없는 20초 3명 이상 허그

도날드 우즈 위니코트(D.W Winnicott)는 그의 책 《안아주기와 해석》에서 인간에 대해 의존성과 동시에 타고난 잠재력도 갖춘 존재로 보았다. 그는 모든 인간이 성숙한 존재이자 사회에 긍정적으로 공헌하는 존재가 되도록 성장하려는 동인을 지닌다고 믿었으며, 이 내적 동인을 긍정적으로 끌어내기 위해서는 '안아주기'가 반드시 필요하다고 하였다.

실제로도 연구에 따르면 스킨십, 특히 포옹은 정신건강과 정서적 발달에 긍정적인 영향을 미친다고 한다. 누구나 포옹을 받으면 대개 본인을 괴롭히고 있는 심리적 스트레스로부터 아주 빠르게 벗어날 수 있다고 한다. 게다가 포옹은 편두통 같은 질병으로부터 통증도 감소시키며 혈압을 낮추고, 코티졸도 감소시키며 면역력 향상에도 도움이 된다고 한다.

건설 현장에서도 마찬가지이다. 함께 작업하는 동료로부터 따듯하고 진실된 포옹을 받고 나면 몸의 긴장이 빠르게 풀리고 짧은 순간이지만 마음이 평안해지는 것을 경험하게 된다. 나중에서야 책을 보고 구체적으로 알게 된 사실이지만, 애초에는 이러한 지식도 없이 서로 포옹을 하면서 일을 시작하면 현장의 분위기가 훨씬 좋아지리라는 막연한 아이디어를 실천으로 옮긴 것이었다.

먼저 아침에 모두가 모이는 조회 시간에 현장 책임자인 내가 단상에서 근로자들에게 감동이 되는 말들을 하면서 그들의 마음에 온기를 불어 넣고 표정도 좋아지도록 노력을 했다. 애정어린 격려의 연설을 아침마다 하다 보니 그런 나의 진심이 근로자들에게 전달되었는지 현장에서 일하는 그들의 표정이 점차 밝아졌다. 그리고 나를 만나면 그들이 먼저 나에게 인사를 하고 "소장님, 수고가 많습니다. 열심히 하겠습니다" 등의 따스한 말을 건네었다.

이런 말을 들으면서 리더의 역할이 중요하다는 것을 더욱 절감하였다. 그러면서 더 좋은 아이디어가 없을까 생각하다가 서로의 마음과 온기를 느낄 수 있는 포옹을 하면 딱딱한 현장 분위기가 더 좋아질 거라는 확신을 하게 되었다.

실은 나도 포옹 같은 것은 좋아하는 스타일은 아니다. 하지만 프로젝트의 성공을 위해서는 꼭 필요한 부분이라는 느낌이 들었다. 근로자 참석 인원이 천 명 이상 되는 조회 시간에 내가 스스로 협력사 소장들을 불러서 앞으로 나오도록 해서 포옹을 하면서 모두가 한 사람이 세 사람 이상과 포옹을 하도록 지시를 했다.

처음에는 모두가 어색해하고 주춤거리는 표정들이었지만 현장 책임자인 내가 솔선수범하면서 점점 분위기는 달라졌다. 더 편안하고 감정까지 동화될 수 있는 환경을 조성하기 위해 허그하는 20여 초 동안에는 적절한 음악까지 나오도록 했다. 그리고 진심으로 서로 배려하는 마음으로 먼저 허그를 3명 이상 한 후에야 아침조회가 진행되도록 하였다.

달라진 현장 분위기

이른 아침에 활기찬 음악을 배경으로 작업 동료 3명 이상과 포옹을 하고 하루 작업에 투입되는 근로자의 마음가짐은 분명하게 예전의 모습과는 다르게 느껴졌다. 그들의 눈빛과 표정도 부드러워지고 일에서도 안전사고와 같은 재난이 확실하게 줄어들고 있었다.

근로자들 스스로가 동대구 복합현장이 힘든 현장 환경임에도 불구하고 분위기가 다른 현장보다는 좋다는 말을 많이 들었다. 리더인 나 자신부터 근로자의 복지에 아이디어를 내면서 그들이 불편해하지 않도록 현장 내 화장실 설치 및 샤워 시설, 간이 휴게시설, 낮잠을 잘 수 있는 시설 등을 다양하게 배려를 하였다. 더욱이 회의 또는 미팅 시간 때마다 그들에게 따뜻한 피드백을 하여 서로 좋은 분위기를 만들면서 현장이 운영되었다.

솔직하게 말해 과연 아침마다 모여서 포옹을 하면서 하루의 업무를 보는 근로자가 대한민국 안에 몇 명이나 있을까? 내 생각에는 거의 없을 것으로 여겨진다. 우리는 어렵고 힘들었기 때문에 서로 배려하는 문화를 만들 수 있었고, 리더인 내가 스스로 모범을 보인 탓도 있겠지만 그 많은 근로자들이 잘 따라와 준 것도 너무나 고마운 일이다.

모두가 그렇게 노력한 결과 공사 기간도 당초 계획보다 4개월 이상 단축시켰고, 공사 중 새로운 터널 추가 공사 등까지 생각하면 개인적으로 판단하기에 6개월 정도 단축한 셈이라는 판단이 든다. 6개월, 반년의 공기 단축이면 기업의 매출로 계산해서 얼마의 이익일까? 지금은 동대구 신세계 백화점의 일 년 매출이 1조 이상이지만 그 당시 연매출을 7,000억으로 봤을 때 3,500억 이상 더 매출수익을 만들어 준 것이다.

이렇듯 성공의 핵심 요소는 작은 마음가짐에서부터 시작된다.

아침에 근로자들이 함께 모여서 서로 포옹하고 따뜻한 숨결을 느끼면서 배려하는 현장의 문화가 작업에 효율성 및 계산될 수 없는 긍정적 가치를 만들어 갔고, 그것이 큰 에너지로 확장이 되어서 좋은 결과로 이어진 것이다. 지금도 그때 근로자들의 따뜻한 미소와 순수한 표정들이 아직도 생생히 내 가슴속에 자리 잡고 있다.

"칭찬은 고래도 춤추게 한다"는 말도 있듯이 리더가 직원과 근로자를 믿고 할 수 있다는 자신감과 열정의 에너지를 그들에게 영감으로 불어 넣을 때, 그들도 스스로 알아서 일이 되는 쪽으로 움직이게 되고, 무엇인가를 만들어 가는 보람을 느끼게 된다. 그런 문화가 형성된 조직 또는 단체는 성공적으로 일이 잘될 수밖에 없다는 사실을 몸소 체험한 것이다.

이처럼 20초 포옹의 효과로 마음의 평안을 유지하게 되면서 현장의 일들은 순조롭게 진행되었다. 또 그 무엇보다도 초대형 공사 현장의 분위기가 서로 배려하고 상생하는 좋은 문화로 자리 잡게 되면서 외부에서 방문하는 사람들도 많아졌다. 근로자들의 표정이 좋고 빠르게 일이 진행되는 것을 보면서 많은 외부의 관계자들이 견학과 방문을 통해 포옹의 효과를 배우고 공유하였다. 지금 생각해도 함께 힘든 상황에서도 웃으면서 포옹하고, 서로 격려하면서 위로받고 힘을 얻은 동료 근로자에게 감사의 마음을 전하는 바이다.

우리가 무슨 일을 하든지 이렇게 따뜻한 분위기와 배려 속에서 일을 하면 생각지도 않은 좋은 기적이 일어나는 것을 보면서 태도의 중요함과 선한 마음이 큰일을 만든다는 것을 잊지 말아야겠다.

미래는 만들고 디자인하는 것

■ 우리는 하루하루를 그냥 살아가지만, 그 하루하루가 모이고 쌓여서 각자의 인생이 된다. 숱한 날이 쌓인 인생 중에서 가장 만족스러운 날은 언제인가? 내게 '가장 만족스러운 날'은 아무것도 하지 않는 편안한 날이 아니라 '할 일이 많았는데 그 일을 다 한 날'이다.

하루의 일과를 보람되고 빼곡하게 채워 넣은 만족감으로 인해 뇌 속에서 분출되는 도파민의 효과는 그 무엇보다도 강렬하다. 그렇기 때문에 우리는 꿈과 목표를 간직하고 살아가며 하루하루를 만족스러운 나날로 기록하며 보낼 수 있다.

그런데 이 만족스러운 하루하루를 좀 더 만족스럽고 충실하게 보내려면 일종의 규칙성이 필요하다. 즉, 인생을 설레게 하려면 루틴을 만들어야 한다. 이빨을 닦으면 하루가 즐겁고, 머리를 깎으면 일주일이 즐겁고, 새 차를 구입하면 한 달이 즐겁고, 새 집으로 이사하면 일 년은 즐겁다고 한다. 따라서 평생 즐겁기 위해서는 평생의 꿈과 목표가 있어야 하고, 목표를 달성하기 위해서는 자신을 설레게 만드는 루틴이 있어야 한다.

많은 성공자들은 하루 일과를 그들만의 루틴으로 생활하고 있다. 남과 비교하지 않고 과거의 나보다 더욱 발전하며 성장하게 하는 나만의 루틴이 필요하다. 회사에서 임원 이상의 성공자들과 주변에 사업으로 성공하는 분들의 공통점은 그들만의 좋은 루틴을 가지고 있다는 것이다. 임원들은 일찍 출근해서 그날의 할 일들을 챙기면서 건강을 위해서 운동은 꼭 챙기는 것을 본다. 사업가들도 바쁜 업무 중에도 그들만의 루틴으로 자기 사업을 성장시키는 지인들이 많다.

부자 직장인으로 살자

부자 직장인은 직장인과 사업가의 사고방식과 마인드를 지닌 사람을 말한다. 부자 직장인으로 살기 위해서는 기본적으로 날마다 1 프로씩 발전하는 일에 집중하면서 이를 매일 연습하는 것이 중요하다. 내가 생각하는 부자의 기준은 신체적·정서적으로 건강하고, 정신적·영적으로 건강하며, 겸손한 사람이다. 이렇게 자기관리가 잘 되어 있는 사람은 날마다 성장하고 주변의 인정을 받으면서 부자로 살아갈 가능성이 많다. 부자 직장인의 사고방식은 날마다 새로운 아이디어를 구현하기 위해서 노력한다. 그들은 행복의 비결을 위대해지는 것이 아니라 매일 매일 성장하는 것으로 여긴다.

하지만 가난한 직장인들은 늘 급여를 위해서 일을 하고, 비전과 목표를 가지고 있지 않으며, 중요한 일정임에도 회사에서의 일을 너무 쉽게 생각한다. 따라서 부자 직장인으로 가득한 기업은 세상을 변화시키고 회사의 발전과 성장을 도모한다. 그들은 스스로의 비즈니스 모델을 만들기 위해서 아이디어를 공유하고 자신감이 넘치는 활기찬 생활을 한다.

나도 대학 졸업 후 직장에 취직하면서부터 현재에 이르기까지 삶을 잘 영위해 나간 원동력은 다름 아닌 삶에 꿈과 목표를 가지고 꾸준하게 나아간 것에 있으며, 덕분에 지금 좋은 위치에서 생활하고 있다고 생각된다. 하지만 부자 직장인의 마인드를 좀 더 일찍 가졌더라면 더 나은 결과를 만들었으리라 확신한다.

나는 충분히 훌륭하다는 사실을 의심치 말라

"사명자는 지치지 않는다"라고 들었다. 충분히 이해되는 말이고 힘이 되는 동시에 인사이트를 주는 말이다. 단 한 번밖에 없는 인생인데 대충 살다가 하늘나라에 가는 것은 너무나 억울하고 내 스스로가 용납되지 않는다. 꿈을 넘어 사명감으로 우리의 삶을 발전시켜야 한다. 나는 대충 사는 인생이 되지 않기 위해서 직장에서 누구보다 사명감 있게 열심히 일했다. 직장에서 열심히 일하면서 미래의 발전을 위해서 공부도 꾸준하게 했다. 대학원을 졸업했고 건설사업 전문가 CPM 자격을 취득했으며, 기술사 3관왕으로 최선을 다해서 내 삶의 사명을 찾기 위해 노력하였다.

우리 각자는 충분히 훌륭하다는 사실을 의심하지 말아야 한다. 내가 경험한 바로는 믿음과 확신을 가지고 일을 추진하면 반드시 좋은 성과를 거둘 수 있다. 나는 늘 도전하는 자세로 성과를 만든다. 도전한다는 것은 변화를 만들어낸다는 것이다. 나 자신에 대한 신뢰와 인내, 확신을 가지고 일하면 시간이 결과를 만들어 준다. 혹시 주변에서 남들이 나에 대해 오해를 하더라도 남들이 규정한 사람이 아닌, 내가 믿는 나 자신으로 떳떳하게 일을 해야 한다. 남들이 나의 인생을 살 수 없고 모든 선택과 결정은 나 자신이 하는 것이다. 불평하지 않을 때 삶은 경이로워진다. 우리는 각자가 이미 훌륭한 잠재력을 지녔다는 사실과 스스로 성공한 모습, 부자의 모습을 상상하면서 살아갈 필요가 있다. 부자 마인드로 현재보다 더 나은 내일을 만들어 가야 한다.

진정한 자유는 새로운 풍경을 발견하는 것이 아니라 새로운 눈을 갖는 데 있다고 한다. 늘 도전하고 긍정으로 사물을 보면서 꿈과 목표를 만들어 가면 반드시 목적하던 현실이 다가온다. 살아가면서 우리는 꿈을 꾸고 그 꿈을 위해서 노력한다. "꿈은 내 삶에 최소한의 예의이다"라고 할 수 있다. 어차피 모든 결과는 우리가 내리는 선택과 우리가 취하는 행동에 의해서 결정된다.

나만의 차별화된 꿈을 키우자

"앞으로의 세상은 먹고사는 문제가 디지털 능력에 달렸다"라고 한다. 늘어나는 수명으로 재난이나 큰 사고가 없는 한 우리는 100세 이상 산다. 이 긴 세월을 건강하고 활기차게 살기 위해서는 한 발짝 먼저 트렌드를 파악하는 능력을 키우고 세상과 더불어 소통하면서 나만의 꿈과 커리어를 만드는 것이 중요하다. 꿈은 내가 가고자 하는 방향 설정이다.

100세 시대에 내가 나아가야 할 방향을 모르고 산다는 것은 힘든 삶이 될 수밖에 없다. 나만의 방향을 설정해서 차분하게, 꾸준히 나아가면서 선한 영향력으로 삶을 확장하면 차별화된 나를 발견할 수 있다. 우리의 삶에서 'Input'이 있으면 반드시 'Output'이 나오는 법이다. 햇빛에 초점을 맞추지 못하면 종이가 타지 않듯이 우리의 삶에도 꿈의 초점을 잘 맞추고 현실에 충실하면서 확신으로 나가면 5년 후 10년 후의 밝은 미래가 도래하리라 확신한다.

성공하는 사람들의 3가지 특징

■ 오랫동안 직장 생활을 하면서 다양한 경험과 나름대로 사회적으로 그 위치에서 노력해 성과를 내고 행복하게 삶을 살아가는 분들을 수없이 보았다. 대규모 프로젝트를 진행하면서 전국적으로 지역마다 성공한 사람들을 많이 만나고 같이 지인으로서, 친구로서 지내면서 그들이 성공할 수 있는 이유와 성공자들의 생각, 생활의 지혜를 배울 수 있었다. 정말 나에게는 큰 행운이 아닐 수가 없다. 성공한 그들의 삶과 생각, 비즈니스적인 감각과 언어 및 태도 등을 보면서 후배들에게 알려주고 싶은 생각을 늘 가지고 있었다. 물론 시중 서점에도 이미 성공의 조건 등에 대해 많은 책들이 나와 있다. 그리고 그 책들의 내용을 보면 대부분이 비슷한 맥락으로 되어 있음을 알 수 있다.

하지만 나는 이론적인 내용보다는 나의 생생한 경험을 전해

주고 싶다. 내가 만난 성공자들의 3가지 특징은 긍정 마인드의 소유자, 무엇이든 일을 하면 성과를 만드는 사람, 그리고 휴먼 네트워크가 좋은 사람들으로 요약된다.

나는 이 사실을 깨닫고 혼자 알고 있기에는 너무나 아쉬워서 후배들과 지인들에게 알려서 그들도 진정한 성공자의 삶을 살아가기를 바라는 마음으로 '성공자의 3가지 특징'을 자주 이야기를 하는 편이다.

첫째, 긍정 마인드

내가 생각하는 리더의 필수 조건이 긍정 마인드이다.

긍정은 무조건 좋게 보는 것이 아니고 현상에 대한 문제를 정확하게 판단해서 그것을 분석하고 해결하는 능력을 말한다.

내게 가장 익숙한 경험인 대규모 건설 프로젝트를 예로 들어보겠다. 처음 하는 대규모 프로젝트는 관련 법도 정립되어 있지 않아서 여러 가지로 복잡한 인허가들을 받으면서 현장의 공사를 진행해야 한다. 되는 것보다 안 되는 조건이 더 많은 상황을 극복하고, 갖가지 변수들에 대처해야 하는 사업 조건상 기본적으로 긍정적이지 않으면 할 수가 없는 일인 것이다. 그 누구도 경험하지 않은 프로젝트이기 때문에 어떻게 문제를 인식하고 해결해 나가야 할지 막막한 상황에서 긍정의 마인드를 가지는 것은 매우 중요하다.

2000년 1월 1일, 밀레니엄 첫날에 오픈한 천호 이마트는 신세계 백화점을 이마트로 변경한 경우였는데 공사 기간이 45일이었다. 상식적으로는 이해할 수 없는 공사 기간이고 불가능한 프로젝트였다. 왜냐하면 백화점의 구조 하중과 이마트의 구조 하중은 차이가 많이 나기 때문이다.

옷 위주의 백화점에 비해 쌀, 생수, 밀가루, 수박 과일 등을 판매하는 마트의 구조 하중은 몇 배나 더 무겁기 때문에 구조보강을 먼저하고 마감공사를 해야 한다. 이처럼 용도에 따른 대형 건물의 구조 하중에 대한 이해 없이 무분별하게 건물을 짓거나 개·보수하다가 일어난 참사의 대표적 사례가 바로 삼풍백화점 붕괴 사건이다. 따라서 이마트의 건물 활용 방식에 대한 건축 공학적 고려, 경영진의 다급한 개점 시점까지 감안하면서도 빠듯한 공정을 시간 단위로 쪼개 추진해야 하는 벅찬 일정을 견디기 위해서는 긍정적 마인드가 무엇보다 중요했다.

이에서 더 나아가 메가 프로젝트급 사업이 진행되면 긍정적 마인드의 중요성은 더욱 강조된다. 예컨대, 동대구 프로젝트처럼 건축물의 전체 연면적이 12만 평 이상 되고 투자비가 1조 이상인 대규모 복합현장의 책임자는 일도 많고 챙겨야 할 업무들도 많다. 하지만 주변 지역의 민원인들과 환경 단체 그리고 능력은 안 되면서 일을 하겠다고 여기저기서 찾아오는 사람들이 너무나 많아서 일과시간에 집중해서 업무를 보기가 쉬운 일은 아니었다. 실제로 무턱대고 본인의 제품을 사용해 달라는 사람, 회사의 수준은 안 되면서 공사에 참여할 수 있도록 해 달라는 사람,

주변 현장을 지나는 길에 장비의 소음 때문에 귀가 아프다며 치료비를 요구하는 사람, 밤에 공사장 주변의 길을 걷다가 넘어졌다고 배상을 요구하는 사람 등 갖가지 민원으로 어려움이 많은 현장이었다. 그래서 주로 오전 시간에 있는 팀장 회의 시간을 이용하여 서로 현안을 공유하면서 업무지시와 미리 챙겨야 할 사항 및 예상되는 리스크를 사전에 체크하도록 지시를 했다.

초대형 프로젝트에서 긍정적인 사고방식을 갖지 않으면 책임자의 멘탈이 먼저 붕괴된다. 긍정적인 생각을 하지 않으면 절대로 초대형 프로젝트는 잘 진행될 수가 없다. 기본적으로 긍정의 에너지로 어려움을 헤쳐나갈 수 있기에 각자가 담당하고 있는 업무 성격이 복잡하고 다 다름에도 서로를 이해하고 배려해 업무가 긍정적으로 잘 굴러가게 된다.

한편 현장만 잘 관리한다고 해서 성공하는 것도 절대 아니다. 아니 성공하기 어렵다. 왜냐하면, 지역사회와 주변 주민들 사이에 서로 상생할 수 있는 요소를 만들고 그들이 현재 진행되는 프로젝트로 인해서 지역 경제가 좋아지고 발전과 성장을 한다는 것을 느낄 수 있도록 해야 한다. 하지만 그런 마인드로 최선을 다해서 일한다고 해도 주변의 극단적 민원은 발생할 수 있다. 예를 들면, 40년 이상 된 단독주택의 울타리에 시멘트가 약간의 균열이 있으면 현장 때문이라며 보상을 요구하는 것이 한두 건이 아니었다. 전문가의 입장에서 보면 자연스러운 현상임에도 불구하고 최선을 다해서 균열이 발생한 집 수리, 물이 새는 집 수리,

동네 집들 외부 페인트칠 해주기 등 주변 동네를 좋게 만들려고 노력하였다. 이런 내용을 잘 아는 경찰서의 정보과장 동사무소의 동장 등 많은 분들이 오히려 동네를 위해서 수고가 많다고 격려를 해 주는 상황이었다.

마침 내가 동대구 프로젝트를 진행할 때 서울에서는 잠실의 123층 롯데타워가 공사 중이었다. 내가 보기에는 여러 언론에서 안전사고 위험, 석촌호수 물 빠짐, 주변 바닥 침하 문제, 주변 교통 문제 등 모두 너무나 부정적인 기사만 나와서 안타까운 마음이 늘 있었다. 현재 롯데타워는 그 어느 건축물보다도 안전한 세계적인 빌딩이다. 예전부터 초가집을 지어도 일꾼들에게 소고기국밥 한 그릇 정도는 대접하는 것이 우리의 전통이다. 하물며 우리나라에서 최고층의 건물을 짓는데 도와주지는 못할지라도 방해는 하지 말아야 하는 것 아닐까? 그런데 정치인, 언론, 환경단체, 시민단체 등을 비롯해 서울시까지 모두 인허가부터 시작해서 사업 진행을 힘들게 하는 것을 보았다. 그런 상황을 목도하면서 '만약에 내가 그 현장의 총책임자라면 어떻게 만들어 갈까' 하는 상상도 해보며 롯데타워가 잘되기를 바라는 마음이 간절했었다.

둘째, 성과 달성

성과는 우리가 내리는 선택과 취하는 행동에서 나온다.

큰 성과를 내기 위해서는 다른 생각과 다른 질문을 해야 하고,

그 속에서 다양한 가능성이 생겨난다 . 아무리 학벌이 좋고 뛰어난 사람이라 할지라도 성과가 없으면 성장하기가 힘들다. 모 그룹에 하버드 대학을 졸업한 간부는 인물도 좋고 성품도 좋은데 팀장은 못 하고 있다. 내가 근무한 건설사에서도 듀크대 석사 학위를 가지고 있으나 본사에서 팀장도 못 하고 있는 경우를 보게 된다. 모두 성실하고 열심히 일하는 친구들이지만, 이런 친구들은 대기업보다는 대학에서 교수로 재직하면 후배들에게 선한 영향력으로 더 멋진 인생을 살 수 있으리라 생각해 본다.

아쉽지만 이 친구들이 승진을 못 하는 이유는 혼자 스스로의 일에만 몰두하는 업무 스타일 때문일 것이다. 성과를 달성하려면 반드시 주변과의 공유와 도움이 필요한 것이다. 그리고 본인만의 업무의 본질을 파악하고 집중해서 뭔가를 만들어내는 리더십이 필요하다. 그런데 학벌만 좋다고 해서 그런 측면까지 우수하다고는 볼 수는 없는 것이다. 실행력과 결단력, 그리고 부서를 화합시킬 수 있는 능력이 필요하다.

나는 업무 중 동대구 프로젝트의 성과를 내기 위해서 협력사 부도 예방과 민원의 적극적인 대응 주변의 긍정적인 여론이 일어나도록 부단히 노력하였다. 그리고 다행스럽게도 내가 책임지고 진행한 대규모 현장은 그 많은 협력사 중에 부도난 회사가 단 하나도 없었다. 또 주변의 많은 민원과 지방 언론사의 부정적인 보도, 환경단체의 민원 제기 등에서도 적극적으로 대응하고 먼저 찾아가서 현안을 공유해 협의를 하면서 많은 성과를 거둘 수 있었고, 성공적인 프로젝트를 완성할 수 있었다.

특히 민원 처리는 파트별로 담당 구역을 정해서 해당 구역의 민원이 발생할 때는 그 구역의 담당자가 민원인과 접촉해 애로 사항도 듣고 이해를 구하는 등의 민원 담당 실명제를 하면서 많은 성과를 거두었다. 특히 전기과장 같은 경우는 민원인이 노래방을 운영하고 있어서 노래방의 단골이 되어서 민원인과 좋은 관계를 유지하고 문제를 해결하기도 했다.

셋째, 휴먼 네트워크

지금도 나는 70여 명이 넘는 단체 톡 '노대방(노년에 대박 나는 방)'과 유튜브 '문길남tv' 등을 운영하고 있고 다양한 지역 단체에서 좋은 지인들과 지속적으로 성장과 발전하는 네트워크를 유지하면서 바쁘게 생활하고 있다.

사실 대형 프로젝트를 진행하다 보면 여러 가지의 문제는 계속 발생하고 각종 안전, 품질 점검 등 업무들이 계속해서 진행되며 리스크는 늘 안고 가게 마련이다. 또한 지역에서 나름 잘나가는 사람들 정치인, 환경단체, 기자 등이 시도 때도 없이 찾아와서 나름의 자기 자랑을 하며, 은근히 스스로를 과시하는 분들도 많이 만나게 된다. 이처럼 필연적으로 맺어야 할 네트워크라면 옥석을 가려서 효율적이고 성과를 내기 위한 네크워크가 좋겠다는 판단으로 지역 최고경영자 아카데미에 나가기로 결정했다. 매일

신문 아카데미, MBC 아카데미, 영남일보 아카데미 3곳을 다니면서 대구시장부터 지역의 법조계, 경제계, 학계, 언론계 등 다양한 성공한 사람들을 만났고 한 학기 수강 인원이 약 150여 명이니까 400명 이상의 나름 활동적이고 성공적으로 각 분야에서 자리매김을 한 분들과 나눔을 가질 수 있었다. 그리고 이렇게 맺은 휴먼 네트워크는 내가 책임자로 있는 동대구 복합환승센터 현장에도 큰 도움이 되었다. 생각해보면 그때의 휴먼 네트워크로 지금도 대구에서는 좋은 지인들과 만나면서 유대감을 이어가고 있다는 판단이 든다.

아무리 능력이 있고 뛰어난 실력이 있다 하여도 주변의 도움과 협조가 없으면 일을 실패할 확률이 많은 것이다. 그렇기에 스스로 유연한 자세와 태도로 주변과 함께 멀리 가고 성장하겠다는 마음가짐이 중요하다.

이처럼 내가 보는 성공한 사람들의 3가지 특징은 바로 '긍정 마인드', '성과 달성', '잘 갖추어진 휴먼 네트워크'였고, 이것이 잘 준비된 사람은 무엇을 하든지 반드시 성공할 수 있다고 확신한다.

약점을 보완하기보다 강점을 더욱 강화하라

■ 내가 사는 동네가 강남 대치동인데 밤 10시 이후에 동네로 나가면 수많은 어린 학생들이 무거운 가방을 축 처진 어깨에 메고 힘들어 하는 모습들을 보면서 늘 안타까운 마음이 든다.

사람들은 누구에게나 각자의 달란트가 있다고 생각한다. 하지만 일률적이고 줄을 세우는 우리의 문화와 사회 구조가 모두를 힘들게 하고 있는 현실이다.

그러나 지혜로운 사람과 지혜로운 부모는 아이들의 장점을 미리 파악해 아이가 성장하면서 다른 사람들보다 나은 강점으로 잘 활용하도록 교육하여 보다 좋은 환경을 만들어 준다. 특히 강점 활용의 중요성은 아무리 이야기하여도 지나치지 않을 것이라고 생각한다.

예컨대 2002년 월드컵에서 4강 신화를 이룬 히딩크 감독이

나, 베트남 축구를 동남아 최강의 반열에 올려놓은 박항서 감독의 리더십 사이에는 공통점이 하나 있다. 바로 선수의 강점을 최대한 끌어 올려 자기만의 팀 색깔을 구축한 것이다.

특히 단기간 내에 좋은 성과를 거두기 위해서는 선수를 키워서 쓰는 것도 중요하겠지만, 그보다는 이미 지니고 있는 각자의 강점을 최대한 끌어내 팀의 구성원으로서 최상의 조합을 이루도록 하는 것이 리더가 추구해야 할 목표치이다. 또 팀의 구성원 개개인 역시 본인의 강점을 잘 활용할 경우 무엇을 하든지 다른 사람들보다 즐겁게 일을 하고 성과도 높을 것이다. 따라서 우리는 각자의 숨어있는 강점을 찾아내고 그것을 활용해서 선한 영향력으로 누군가를 돕는 삶을 살아가기를 바라는 마음이다.

약점을 보완하면 평균, 강점을 계발하면 최고

베스트셀러인 《위대한 나의 발견 강점 혁명》을 보면 "타고난 강점을 찾아라, 나의 강점은 무엇인가"라는 대목 중에 다음과 같은 내용이 있다. 즉, 압도적으로 대다수 부모가 학생이 낮은 성적을 받는 과목에 가장 많은 시간과 관심을 투자한다는 것이다. 지금 이 순간 당신의 아이 책상을 한번 보기 바란다. 수학을 못하는 아이의 책상 위에는 자의반 타의반으로 구입한 수학참고서만 가득한 경우가 많다.

대개의 부모와 교사는 아이의 잠재력을 키워주는 데에는 시간을 별로 투자하지 않을뿐더러, 아이가 지닌 타고난 강점에는 오히려 더 무관심한 경우가 많다. 이 얼마나 안타까운가? 특히 우리나라는 전인교육을 통한 인격 형성이 아니라 사실 어느 한 과목도 빠지면 안 되는 전 과목 교육을 하고 있으니 학생들만 힘든 시기를 보내고 있어 안타까운 마음이다.

약점을 보완하는 것보다 강점을 더욱 계발하는 것이 진정으로 자신만의 무기가 되는 세상이다. 별로 웃기지 못하는 개그맨 유재석이 개그 실력으로 연예대상을 16번이 넘게 받은 게 아니다. 오히려 배려하고 조화롭게 토크를 꾸려가는 자신의 강점을 계발했기 때문에 최고의 MC로 발돋움한 것이다.

이처럼 나만의 대표 강점을 찾기 위해서는 여러 가지의 도움을 받을 수 있다.

첫째, 《위대한 나의 발견 강점 혁명》에 나와 있듯, 나의 강점 상위 5개 테마를 뽑아보는 것이 도움이 된다. 예컨대, 책에도 언급되었듯 '공감 테마', '미래지향 테마', '긍정 테마', '성취 테마', '최상화 테마' 등의 다섯 가지 주제가 그것이다. 못하는 것까지 돌아볼 필요는 없다. 못하는 부분을 평균으로 끌어 올리기 위한 노력의 시간보다 잘하는 것을 더욱 잘해서 최고가 되도록 갈고 닦는 게 중요하다고 생각하기 때문이다. 가령, '나는 누구보다 긍정적이고 에너지가 넘친다. 또한 사람들을 격려할 때 큰 기쁨을 느낀다. 주변에 긍정적인 환경을 조성하고 좋은 분위기를 만드는 데 시간을 많이 투자하는 편이다.'라고 생각하면 이런 장점을 극대화할 수 있는 활동 분야를 찾아가는 게 곧 나의 경쟁력으로 승화시킬 수 있는 지름길이다.

둘째, 각자 나에게 무슨 재능이 있는지, 친구들 또는 지인들이 잘한다고 칭찬해 주는 것이 무엇인지 차분하게 혼자 생각을 하면서 찾아 볼 수 있는 것이다.

우리는 보통 부족한 것을 개선하기 위해서 학원에 가고 개인 교습도 받으며 스승을 찾아 나서기도 한다. 스스로 약하다고 생각하는 것을 보완하기보다는 내가 잘하는 것이 무엇인지, 혼자서 무엇인가를 해도 전혀 피곤하지 않고 누구보다 더 잘할 수 있는 것이 어떤 것인지 스스로 알아볼 필요가 있다.

셋째, 요즘 유행하는 MBTI 심리검사를 해보는 것도 좋겠다.

김난도 교수는 다원화된 세상 속에서 현대인들이 자기정체성을 찾기 위한 과정을 '레이블링(labeling Game)'이라는 용어로 표현하기도 하였다(김난도, 《트렌드코리아2021》). '레이블링'이라는 건 등급을 나눈다는 의미에서 고대 노예거래부터 시작해 자본주의 사회의 노동자 관리 기법에 이르기까지 다양하게 적용되어 온 일종의 경영 기술일지 모르겠다. 하지만 이 레이블링이 최근에는 극단적인 도시화 속에서 황폐해져 가는 현대인들의 자기 정체성 회복에 활용된다는 점에서 일면 긍정적인 가치를 찾아볼 수 있다. 그리고 현대적 레이블링의 한 사례가 바로 MBTI 검사다.

MBTI 검사를 통해 자신의 성격유형을 아는 건 자기 자신을 객관적으로 볼 수 있는 기회가 되는 것이다. 아직 나와 잘 맞는 일이 무엇인지, 나의 강점을 찾기가 어려울 때 이 방법을 활용하면 약간의 도움이 될 수 있을 것이다.

나의 MBTI 유형은 ENFJ이다. 사교성과 동정심이 많은 유형으로 사람들에게 따뜻하고 책임감이 강한 유형이라고 한다. 나와 비슷한 것 같다는 생각이 든다. 좀 더 재미있는 사례로는 삼성 고(故) 이건희 회장의 MBTI를 조사한 연구(김영주, 2021)까지도 나와있어서 흥미롭다. 《이건희 에세이 : 생각 좀 하며 세상을 보자》를 토대로 분석을 진행했더니 직관적인 사고에 바탕해 비약을 추구하면서 동시에 미래를 대비하는 성향인 'INTJ'로 나왔다고 한다. 약간은 무모할 수 있는 반도체 투자로 삼성을 일약 글로벌기업으로 반등시켜 미래의 먹거리를 창출한 오너이니 'INTJ'와 맞아떨어지는 면이 있다고도 보여진다.

MBTI보다는 생소하지만 또 다른 레이블링 기법의 한 종류로 에니어그램은 보다 내면에 감춰진 성격을 파악할 수 있는 테스트이다. 인간의 성격을 아홉 가지로 분류하는 성격유형의 지표를 활용해 인간 이해의 틀로 삼고 있다. 이미 포털 사이트에 에니어그램 테스트를 할 수 있는 곳이 많으니 한 번쯤 찾아서 테스트해봐도 좋겠다.

이처럼 강점을 파악하면 꿈과 목표에 다가가기가 쉬워진다. 파악된 강점이 곧 본인의 재능이고, 우리는 부족한 것에 투자할 것이 아니라 본인이 가지고 있는 재능에 시간을 투자해 본인만의 대표 강점으로 두드러지게 키워내야 한다. 미국의 마틴 루터 킹 목사를 생각해 보자. 그분의 대표 강점은 사랑과 희망, 근면성과 자제력으로 말할 수 있을 것이다. 이 강점을 극대화한 그의 종교인적 발자취와 미국 사회를 넘어서서 전 세계에 평화의 울림을 준 "I have a dream"으로 시작하는 킹 목사의 연설은 세계인들에게 큰 감동을 주었다.

만약 여러분의 대표 강점을 아직 발견하지 못했다면 지금이라도 혼자서 조용히 생각하면서 찾아보자. 그리고 그것을 지속적으로 활용하면 완벽에 가까운 성과를 만들어 낼 수가 있을 것이다. 본인의 부족한 약점으로는 큰 성과를 기대한다는 것은 정말 힘들다. 약점을 보완하면 고작해야 평균이 정도가 되겠지만, 본인의 강점을 활용하면 최고가 될 수 있는 것이다.

나도 그 누구보다 약점이 많은 사람이다. 내면은 강하지만 눈물도 많고, 냉철한 판단을 하는 편이지만 감정에 좌우될 때도 많은 너무나 부족한 사람이다. 하지만 무슨 일을 할 때는 항상 최고로 만들어 낼 수 있다는 확신과 하나님께서 항상 나를 보호해 주시고 도와주신다는 믿음이 나를 성장하게 만든다.

개인적으로 대한민국 최고의 단독주택을 3채나 지었다. 어마어마한 구조와 시설, 최고급 자재 등으로 건축했으며, 주요 일간지에서 발표하는 최고의 주택 베스트 TOP 10중에 항상 손꼽히는 주택이다. 건설 엔지니어로서 그런 경험을 한다는 것은 너무나 감사한 일이다.

실질적으로 거의 완벽하게 건축을 했고, 건축주도 그 건물에 사는 것에 대하여 자랑스러워하는 것으로 알고 있다. 나의 강점인 추진력과 화합력, 뭔가를 만들어내는 창의적 아이디어가 모두 동원된 작품이 바로 한남동 신세계 회장의 최고급 주택이다.

대표 강점을 최고의 자산으로 만들어라

대표 강점을 파악했다면, 그것을 더 경쟁력 있게 만드는 방법은 긍정적인 경험의 축적을 통한 자신감의 확보이다. 긍정적인 경험을 많이 할 때 자신감이 생기고 더욱 많은 일을 할 수 있다. 그렇게 경험이 쌓이면 자신의 대표 강점은 강점을 넘어서서 곧 스스로의 자산이 된다.

나도 부족한 것이 많지만, 대표 강점인 나만의 추진력과 따뜻하고 배려 있는 자세가 직장 생활을 하면서 많은 경쟁력으로 작용하였다. 또한 프로젝트 추진 시 인허가 과정에서 많은 성과를 내었고, 그때 만난 인허가 담당자와는 아직도 서로 소통하면서 지내고 있다. 나의 휴먼 네트워트를 곧 나의 자산으로 이어가는 것이다.

협력사 회장 한 분도 어렵게 사업을 하면서 사고의 유연함과 업무의 철저함으로 본인의 장점인 일의 마무리와 하자보수에 대한 확실한 관리로 업계에 좋은 이미지를 구축하여 지금은 중견기업으로 성장하였다.

앞서 말했듯, 사명자는 지치지 않는다. 나는 이 말에서 항상 에너지를 얻는다. 우리가 대표 장점을 키우면 사명자가 되는 것이다. "위기는 생각보다 빨리 오고 기회는 생각보다 늦게 온다"라고 한다. 우리는 공평하게 주어진 시간 속에서 나만의 재능을 찾아서 대표 강점으로 만들어 위기에 대비하고 기회를 포착해야 한다.

나는 기본적으로 불가능은 없다고 믿는 사람이다. 태생이 긍정적이었다고나 할까? 어린 시절에는 공부를 거의 하지 않고 친구들과 놀기를 좋아하던 아이였다. 하지만 마음 한편에는 뭔가 잘 되리라는 생각이 항상 자리 잡고 있었다. 직장 생활을 하면서도 나는 항상 부하 직원들의 좋은 면을 지적해서 더 좋은 결과를 만들어내도록 유도했고, 직원들도 나의 격려에 힘입어서 내가 기대하는 것보다 더 좋은 성과를 달성했다.

지금도 생각지도 않게 후배 직원들이 나의 사무실에 많이 찾아온다. "그때 그 누구도 자기를 인정하지 않았는데, 문 부사장님이 자기를 따뜻하게 대하여 주시고 늘 격려해 주셔서 지금 감사하게도 직장 생활을 잘 할 수 있었고, 그때를 생각하면서 본인이 많이 성장했다"라고 고마워하는 직원들도 있다. 그리고 가끔 과일 등이 우편으로 와서 통화해 이야기를 나누다가 "그때 부사장님이 주신 선한 영향력의 에너지로 꿈과 비전을 가지고 잘 생활하고 있고 감사하다"라는 말을 들을 때 정말 너무나 큰 보람을 느끼면서 인생의 소중한 시간을 함께 지낸 것이 감사함으로 다가온다. 특히 리더십의 구성 요소 중 하나는 오랫동안 꿈꿀 수 있는 능력이라는 말이 있다. 또 성공한 사람은 꿈을 꾸고 실패한 사람은 남의 꿈을 비웃는다는 말도 있다. 그런 점에서 특히 직장의 리더인 간부들은 항상 주변인들 또는 동료들의 대표 강점을 찾아서 그들이 지속적으로 꿈꾸는 성공적인 삶을 살도록 유도하는 선한 리더십을 발휘하기를 소망해 본다.

중간이 없는 시대
나만의 가치가 필요하다

■ 몇 년 전 강남 신세계 백화점과 메리어트 호텔의 공사 책임자로 근무할 때 일이다. 아침에 펼쳐든 〈매일경제〉 신문에 서울대 유기준 교수의 연구 과제가 신문 1면의 메인 기사로 나와서 깜짝 놀란 적이 있다. 연구의 요지는 미래의 사회 구조가 초양극화된다는 내용이었다.

유 교수는 국가로부터 미래의 도시구조를 연구하는 용역을 받아서 일 년 동안 검토한 결과 0.003% 대 99.997%의 차이로 도시의 구조가 초양극화가 된다는 결론을 얻었다고 한다. 그중의 1계급인 0.001%는 플랫폼을 소유한 기업 또는 사람이고, 2계급 0.02%는 유명 연예인과 유명 정치인 또는 스포츠 스타 등, 다음으로 3계급이 AI 로봇이며, 마지막으로 대부분을 차지하는 99.997%는 4계급인 도시의 하층민으로 살아간다는 것이다.

가장 낮은 4계급의 위치에 있는 99.997%의 사람은 프레카리아트로 명명된다.

프레카리아트란 불안정 노동자를 뜻한다. '불안정한'의 의미의 형용사 '프레카리아스(precarious)'와 노동계급을 뜻하는 '프롤레타리아(proletariat)'가 결합된 합성어이다. 노동이 일상적으로 유지되는 계급이 프롤레타리아라면, 노동마저 일상적으로 유지할 수 없는 불안정한 계급이 프레카리아트인 것이다.

영국의 경제학자 가이 스탠딩이 처음으로 주창한 이 단어는 인간의 노동이 대부분 AI로 대체되는 미래 사회에서 임시계약직, 프리랜서 형태의 단순노동에 종사하면서 하루하루 근근이 살아가는 대부분의 제4계급을 포괄할 것으로 예상된다.

요약해 보면 결국 미래 사회 4가지의 계급은 1. 플랫폼 소유주 2. 플랫폼 스타 3. 인공 지능 4. 프레카리아트(일반 시민)로 정의되는데, 코로나19의 창궐로 인해 이러한 현상은 더 빠르게 진행되고 있음을 체감하게 된다.

프레카리아트의 특징

전 세계적으로 보면 우리나라는 '88만 원 세대', 일본은 '잃어버린 세대', 유럽은 '700유로 세대' 등 불안전 계층이 점차 젊은층으로 확산하고 있어 사회적으로 큰 문제가 되고 있다. 게다가 프레카리아트라는 계급이 4차 산업 혁명 시대에는 인구의 대부분을 차지할 것이고, 이 상황에 대비하기 위해 정치인과 학자들은 기본소득이 필요함을 강조하고 있다.

그런데 중요한 것은 99.997%에 속하는 소시민이라고 하더라도 수많은 사람 중에서 좀 더 나은 위치에서 서기 위해 노력하는 삶의 태도가 필요하다는 점이다. 하지만 다가올 미래 사회에 대비해 우리 프레카리아트들은 몇 가지 측면에서 삶의 태도를 새롭게 되살릴(Refresh) 필요가 있다고 본다.

첫째, 꿈과 열정이 없다

무슨 일을 하더라도 꿈과 열정이 있으면 50% 이상은 성공한다는 말이 있다. 그런데 직장에서 후배들을 보면 본인의 학벌과 직위에 큰 관계가 없이 그냥 하루하루 따분하게 출퇴근만 하는 경우를 본다. 아니 대다수 직장인 중에 목표와 꿈, 본인의 비전을 위해서 나름대로 계획을 가지고 자기의 삶을 개척하는 후배들을 보기가 어렵다.

솔직히 50대 이상이 되면 그냥 정년까지만이라도 무사하게 회사에서 낙오되지 않고 시간이 가는 대로 출퇴근만 하는 것이다. 정말 안타까운 일이 아닐 수가 없다. 그래서 나는 직원들에게 기회가 있을 때 또는 전국 각 현장을 점검하면서 다닐 때는 꼭 현장 직원들을 모아서 꿈과 목표와 비전에 대해서 얘기를 나누고 한 사람씩 소감이나 하고 싶은 말을 하도록 유도했다. 그러면 더러는 "미친듯이 일만 했지 그 누구에게서도 이런 이야기를 처음 들었다"라며 문 부사장님이 본인에게 꿈과 용기를 주어서 다시 인생 플랜을 만들어 보겠다고 한다. 이런 직원들의 말을 들을 때 리더로서의 기쁨을 느끼면서 선한 영향력으로 더 많은 직원들이 더 큰 꿈과 목표를 소유하기를 바라는 마음이다.

둘째, 내가 하는 일에 가치를 깨닫지 못한다

솔직히 말해서 직장에서 기업가 정신을 찾아보기 힘든 시대이다.

내가 생각하는 기업가 정신은, 첫째, 불확실한 환경 속에서 신속· 유연하게 대처하고 혁신적인 활동을 할 수 있는 역량을 갖추려는 적극성, 둘째, 위험을 무릅쓰고 새로운 제품과 서비스로 변화시키려는 도전정신, 셋째, 국가 경제 발전에 기여하려는 헌신이다.

하긴 대기업도 예전처럼 회사와 사원 간의 끈끈한 정 같은 것을 찾아보기가 쉽지 않다. 일하는 분위기도 그렇다. 예전 같으면 현장에서도 해야 할 일은 밤을 지새우면서라도 일하고 보람도 느끼면서 근무했지만, 지금은 상상도 못 할 일이다. MZ세대 근로자가 사회의 한 축이 되고, 워라밸이 중요한 시대로 접어들다 보니 불가피한 변화일 것이다. 그러다 보니 본사든 현장 조직이든 자기에게 주어진 업무만 하고 주변과의 협업이나 함께 해결해 나가야 할 문제들에는 서로가 소극적인 자세로 일하면서 책임을 안 지려는 문화가 되었다. 따라서 정말 소중한 일의 가치를 깨닫지 못하고 직장 생활을 하는 것이 현실이다.

사회적 트렌드가 개인주의로 바뀌어 감에 따라 조직의 문화를 가꿔가기가 더욱 어려워지는 풍토지만, 자본주의 사회에서 기업 간의 경쟁은 총성 없는 전쟁이라는 점도 깨달아야 할 것이다. 분대장이 "돌격 앞으로~"를 외치는 순간에 "일과시간 끝났는데요?"라며 총을 놓고 내무실로 걸어 들어가는 이등병을 상상할 수 있을까?

사람은 가치를 찾는 과정에서 열정도 생기고 추진력도 생기며 좋은 아이디어도 떠오르는데, 정작 본인이 하고 있는 일의 가치를 깨닫지 못하면 좋은 결과를 기대하기가 힘들 것이다.

4차 산업 시대일수록 일의 가치를 찾고, 본인만의 가치를 만들어 낼 수 있는 사람이 좋은 위치를 차지할 수 있을 것이다. 요즘 같은 시대가 진짜 기업가 정신을 지닌 진취적인 사람이 필요할 때이다.

셋째, 먹고 사는 문제로 평생 고생한다

프레카리아트의 특징은 불안전한 노동, 불안전한 일상, 열악한 노동 수준에 비해 대부분 교육 수준이 높은 편이라는 점이다. 그들은 기본임금에 의지하는 반면 직장이란 큰 울타리가 점점 사라지는 현실을 맞이하게 될 것이다. 이와 더불어 사람의 수명 또한 100세 시대가 될 것이라고 한다. 하지만 장수가 축복이 아니라 잘못하면 재앙이 될 수 있는 시대다. 최소한의 사회적 안전망은 나름대로 구축하겠지만 결국 하층의 빈민으로 살아갈 것을 생각하면 지금부터라도 즉시 미래에 대한 숙고와 준비를 해야 한다.

최상층의 계급이 아니면 3계급인 인공 지능이 사회 전반의 일자리를 차지할 것이기 때문에, 미래 인재형을 논할 때마다 나오는 "인공 지능이 흉내낼 수 없는 높은 단계로 발전해야 한다"는 이야기가 너무나도 절실하게 와닿는다.

약 1만 년에 걸친 농경화 시대, 약 200년에 걸친 산업화 시대, 약 70년에 걸친 정보화 시대, 그리고 현재는 4차 산업혁명으로 시작된 기술혁명의 시대로 접어들었다. 이제 우리는 평생 먹고 사는 문제로부터 벗어나야 한다. 하층민으로 안 살기 위해서는 지금부터라도 AI가 도저히 따라올 수 없는 일을 해야 하며, 창조력과 상상력을 키워서 하위로 가지 않도록 하는 것 또한 각자의 의사결정에 달렸다.

조직의 성공을 좌우하는 변수 관리

■ 수학에서 수식에 따라서 변하는 값을 변수라고 한다. 어떤 정해지지 않은 임의의 값을 표현하기 위해서 사용되며, 컴퓨터에서는 아직 알려지지 않았거나 어느 정도까지만 알고 있는 통제할 수 없는 양이나 정보에 대한 상징적인 이름이다.

글로벌 기업들은 특히 변수에 민감할 수밖에 없다. 세계 어느 곳에서 무슨 일들이 발생하면 사건에 대한 분석을 해서 최선의 방법으로 늘 예민하게 반응하고 그것이 결국 경쟁력이 된다.

개인도 변수에 대비해야 하는데, 대부분은 그렇지 못한 것이 현실이다. 생각하지도 못한 변수의 리스크를 줄일 수 있는 방법은 지속적인 스스로에 대한 자극이다. 자극을 받아 미리 리스크에 대비하는 방법으로는 선배나 멘토를 만나거나 책을 보면서 많은 시행착오와 성공의 스토리를 간접경험하는 것을 들 수 있다.

어떻게 보면 하루하루 무사히 잘 살아가는 것 또한 변수에 대한 관리를 잘하는 것이라고 생각한다. 복잡한 세상 속에서 살아가면서 다양하게 발생하는 변수를 어떻게 이해하고 대처하느냐에 따라서 우리의 삶의 질도 달라질 수 있다고 생각된다. 따라서 변수에 대한 나만의 생각과 이해를 독자와 함께 공유하여 발전하는 삶을 살기를 바라는 마음이다.

내가 살아가면서 느끼는 변수를 크게 두 가지로 나누어 보면 일반 변수와 특별변수로 구분할 수 있다.

첫째, 일반 변수는 시간이다

살아가면서 가장 무서운 것이 시간이다. 바쁘게 살다 보면 자신의 나이를 잊고 살아가는 경우를 주변에서 많이 본다. 신입 사원으로 입사한 친구가 어느덧 40대, 또 벌써 50대, 조금 더 세월이 지나면 빠르게 정년이 다가온다. 따라서 인생의 시간 속에서 우리가 얼마나 가치 있게 살고 있는지 되돌아봐야 할 것이다.

건설산업에서 시간은 정말 중요하다. 사업을 계획하고 부지를 답사한 뒤 그 부지를 활용하기 위해서는 관청의 인허가 과정에서 예상되는 문제 등을 잘 파악해야 한다. 그렇지 않고 대충

위치가 좋아서 대지를 매입할 경우 생각하지도 않은 문제로 어려움을 당하는 사례를 주변에서 보면, 변수에 대한 꼼꼼한 검토가 피해를 줄일 수 있음을 깨닫게 된다.

아울러 좋은 부지에 사업 인허가를 득하고 공사를 진행할 때 터파기 공사부터 골조 공사, 마감공사, 준공검사 후 입주시까지 그 시점, 그 시간에 맞게 관리해야 할 항목들을 미리 파악해서 일이 순조롭게 진행될 수 있도록 하여야 한다. 일례로, 요즘 사회적으로 둔촌주공 재건축 현장의 공사 중단이 큰 이슈가 되었고, 이를 통해 시간에 따른 적절한 변수 관리가 얼마나 중요한지를 새삼 깨닫게 된다.

어느 조직이든 리더는 시간을 관리할 수 있어야 한다.

적절한 시간에 수준 높은 전문성이 합쳐지면 분명히 최상의 결과를 도출할 수 있을 것이다. 따라서 일반 변수인 시간을 잘 활용하는 방법은 마스터 플랜과 타임 스케줄을 작성하고 해당 시간에 미리 챙겨야 할 일들이 무엇인지 파악해서 그 일을 우선적으로 하는 것이다.

이렇듯 우리는 시간이라는 변수를 어떻게 사용하느냐에 따라서 그 사람의 인생과 그 조직의 운명이 달라지는 것을 알 수 있다.

뉴욕 주립대 주기환 박사의 강의를 들으면 암 환자는 공통적으로 물을 잘 안 마신다고 한다. 물만 잘 마셔도 건강상의 많은 문제점이 해결될 것이다. 그러나 많은 사람들이 물은 안 마시고, 술 먹고, 담배를 피우며, 더더욱 운동까지 안 하면서 생활을 해서 안타까움을 자아낸다. 건강이야말로 우리가 관리해야 할 대상인 것이다.

마찬가지로 피터 드러커는 '살면서 시간이야말로 우리가 관리해야 할 유일한 요소'라고 말했다. 시간이 부족하면 어떤 능력도 소용이 없는 것이다. 즉 좋은 결과를 얻으려면 일반 변수인 시간을 통제할 수 있어야 한다. 우리 모두는 주어진 공평한 시간 속에서 나 자신을 잘 경영해 한정된 시간 내에 목표를 성취하고 더 발전하는 삶을 살기를 바라는 마음이다.

둘째, 리더는 특별변수까지 관리해야 한다

코비드 19는 우리의 삶과 생활 그리고 하루하루의 일상을 완전히 바꾸어 놨다.

회사에서 전국 현장을 관리하는 공사 총괄 업무를 수행하고 있었는데 본사 간부들 모두가 갑작스러운 비대면의 업무 환경에 어떻게 해야할지 난처해할 때 나는 빠르게 전국 소장 회의를 줌으로 진행하였다. 처음에는 모두가 조금은 어려워 했지만 빠르게 정착되었고, 만나서 회의하는 것보다는 각자의 현장에서 편하게 보고하고 아이디어를 내면서 더 좋은 결과를 도출하였다.

이처럼 인생을 살아가다 보면 예상치 못하게 계속적으로 발생하는 특별변수를 어떻게 관리해야 할까. 이를 위해 인생에는 스페어타이어가 필요하다는 게 내 생각이다.

현장에서 일하다 보면 생각하지 못한 변수들이 종종 나타난다. 특히 지하 굴착공사에서는 지반 속에 무엇이 있는지 알 수가 없다. 물론 기본적으로 지하 매설물 조사 등을 하지만 가스관, 상하수관, 통신관 정도 정리한 것일 뿐, 그것도 실제로 터파기해 보면 틀리는 경우가 있다. 특히 공사 중 문화재, 유물이라도 나오면 정말 힘들어진다. 문화재청에 신고하고 조사하는 과정에서 예상되는 문화재의 성격에 따라서 조사하는 시간이 많이 길어진다. 예상하지 못한 특별변수가 발생한 것이다.

이런 특별변수는 우리가 어떻게 예방하느냐에 따라 결과에서 엄청난 차이를 만들어낸다. 특히 생활 속에서의 변수관리는 무엇보다 중요하다. IMF, 금융위기, 우크라이나 전쟁 등을 경험하면서 우리는 특별변수에 대한 민감할 정도로 촉각을 세우고 대비하면서 살아야 갑자기 닥치는 위험에 대해서 예방을 할 수 있을 것이다.

건설 현장에서도 마찬가지다 요즘은 안전에 대한 사전 준비를 철저히 한다. 따라서 근로자가 정상적으로 일하면 안전사고가 발생할 확률이 거의 없다. 그런데 정말이지 사고는 생각지도 않은 곳에서 발생하는 경우가 많다. 사고가 발생한 장소에 가서 보면 근로자가 왜 그 시간에 그 장소에 갔는지 도저히 상식적으로 이해가 안 되는 경우를 종종 본다. 하지만 리더는 이처럼 예상하지 못한 특별변수까지도 관리해야 한다.

이때 무엇보다도 중요한 것이 경험이다. 물론 책으로 지식으로 체득을 할 수는 있겠지만, 몸으로 직접 경험한 것은 그 누구도 따라올 수가 없는 소중한 자산이다.

우리는 시간이라는 일반 변수에 속에서 살고 있지만 예상하지 못할, 인간의 힘으로 감당하기 어려운 특별변수가 언제 어디서든 발생할 수 있다는 것을 인식하면서 살아가면 보다 나은 미래가 만들어지리라고 믿는 바이다.

제때 on/off를 안 하면 강제종료 될 수 있다

■ 며칠 전 후배 현장소장이 내 사무실에 찾아왔다. 반갑게 맞이하고 이야기를 나누는데 직장 생활의 고달픈 일들을 하소연하면서 내게 이럴 때 어떤 마음가짐을 가지고 이겨내었는지를 질문하였다.

그는 현재 누구나 알 수 있는 대형 프로젝트의 소장으로 근무하고 있고, 50대 초반을 지나고 있었다. 임원승진은 안 되었고, 현장 생활이 재미는 있지만, 책임에 대한 압박감으로 일에 대한 생각이 쉬는 날에도 계속 이어져서 스트레스를 받는다고 하였다. 이 때문에 몸은 피곤하고 고혈압약을 먹고 있다는 것이다. 나는 오랫동안 직장 생활을 하면서 스스로 극복하고 이겨낸 노하우를 와인 한 잔 나누면서 풀어내며 소중한 저녁 시간을 보냈다.

실제로 내가 근무한 회사의 팀장들은 50대 초·중반의 나이에 건강 상태는 안 좋았고 대부분 고혈압약 등을 복용하는 경우가 많았다. 정말 안타까운 일이고 모두가 열심히 회사를 위해서 근무하는 친구들이었다. 비록 임원승진은 못 했어도 실력이 부족해서 임원이 안 되었다기보다 회사와 그룹의 여건에 따라서 임원승진이 몇 년째 없었던 경우였다. 회사의 중역으로서 후배들에게 미안한 마음을 늘 가지고 있었다.

퇴근과 동시에 스위치를 꺼라

회사는 개인의 시간을 사는 것이고, 개인은 소중한 시간을 회사에서 업무를 보면서 일하는 것이다. 그런데 나도 그랬지만, 회사 일을 집으로까지 가지고 와서 집에서도 일하고 스트레스도 받고 잠도 설치는 것이 과연 잘하고 있는 것인지를 한번 생각해 볼 필요가 있다.

기본적으로 스위치 on, off가 필요하다.

일단 회사에서의 복잡한 일들은 회사 내에서 마무리하겠다는 생각을 가져야 한다. 보통의 직장인들은 회사의 일을 연장해서 집으로 가지고 간다. 집에서는 심각한 표정으로 집안 분위기를 압도하고 온가족이 신경이 쓰이도록 만드는 것이 일반적인 직장인들의 생활이다. 회사 일의 스위치를 on만 하고 off는 못하는 직장인들이 대다수를 차지하는 현실이다.

하지만 회사의 일은 회사에서 마무리를 해야 한다. 집으로 가지고 오지 말고 머리와 마음속에 회사 일을 on, off시킬 수 있는 마음가짐을 가져야 걱정도 덜 되고 스트레스도 덜 받으며, 집안의 식구들도 행복하게 지낼 수 있다.

건강을 위해서도, 회사에서 다음날의 업무 효율을 위해서도 이 얼마나 좋은 습관인가? 이렇게 하면 마음 속에 있는 내적동기, 즉 일을 하고 싶은 마음도 더 많이 생기고 더 좋은 결과를 만들어 낼 수가 있다. 또한 스위치 off를 함으로써 회사의 근무시간 이후에 개인의 발전을 위한 무엇인가를 만들 수도 있어서 정말 유익한 일인 것이다.

후배 소장은 나에게 이 이야기를 듣고 기쁜 표정으로 앞으로 스트레스 덜 받으면서 직장 생활 잘할 수 있을 것 같다며 고마워했다. 이러한 좋은 나눔으로 후배들의 삶과 생활에 도움이 되는 지혜를 전달하고 공유해서 후배들이 조금이라도 더 나은 삶을 살아가도록 돕는 것이 나에게는 소중하고 행복하며 기쁜 일이다.

실제로 공사를 진행하다 보면 스트레스로 인해서 원형탈모가 생기는 직원, 계속해서 병원에 다니는 직원들이 많이 있다. 한남동 공사를 할 때 한 직원은 밤에 갑자기 두통과 견딜 수 없는 몸의 통증으로 인해 혼자 숙소에 있다가 빠르게 병원을 찾아갔고 다행히도 큰 사고를 예방할 수 있었다. 평소 그는 누구보다도 열심히 일하고 책임감 있는 현장의 소장이었다. 그룹에서도 제일 중요하다고 여기는 현장을 잘 이끌어 왔기 때문에 일 잘하고 성실하기로 누구에게나 능력을 인정받는 직원이었다. 하지만 그 소장이 스위치 'on, off'의 개념을 미리 알고 실천을 했다면 그런 갑작스런 일도 예방할 수 있었을 것이다. 이렇듯 직장 생활을 하면서 스위치 on 상태가 계속 이어지면 감당하기 어려운 상황까지 갈 수도 있다.

한편 스위치 off를 잘하는 사람은 자기 발전과 성장의 시간을 더 많이 가질 수가 있어서 결국에는 회사의 발전에도 도움이 된다. 그 시간을 개인 성장의 자양분으로 만들어야 한다.

직원들은 대개 회사에서의 수입 외에 별도의 수입구조를 만들어 놓지 못한 것이 현실이다. 특히 대기업에 다니는 40대, 50대 직원들은 일에만 몰두하다 보니 자신의 건강이나 미래에 대한 대비가 부족하다. 정도에 따라 다르겠지만 본인을 위해서 아니 가족과 회사, 사회를 위해서라도 스위치 on, off를 실천해야 한다.

나도 이 원리를 좀 더 일찍 깨달았다면 지금보다는 풍요로운 삶을 살 수 있었으리라는 생각이 든다. 본인이 깨닫지 못했다면 주변에 선배나 지인들이 알려주든지 아니면 멘토를 만나든지 해야 하는데, 현실은 그렇지 못한 환경에서 하루하루 바쁘게 생활하다 보니 세월이 주마등처럼 지나가 버리는 것이다. 그런 현실 속에서도 나는 직장에 다니면서 한양대 대학원을 졸업했고, 퇴근 이후의 시간, 쉬는 시간을 이용해서 기술사 시험 준비도 열심히 하였으며 결국에는 성과를 만들었다.

누구에게나 소중하면서도 누구에게나 공평한 게 시간이다. 사람들은 모두 하루 24시간이라는 똑같은 물리적 범주 속에서 살아간다. 그런데 누구는 남들과 달리 시간의 생산자가 되어서 엄청난 성과를 만들어내는 까닭은 무엇일까? 소중한 시간을 다루는 스위치 'on, off'만 잘 활용해도 계획적이고 발전하는 습관을 만들 수 있을 것이며, 결국은 습관이 그 사람을 만든다고 나는 믿는다. 시간 관리를 성과로 연결하는 좋은 습관과 좋은 태도는 주변으로부터 좋은 인상을 받으며 결국은 성공자의 길로 갈 수 있는 첩경이다.

또한 죽어가는 내 인생의 시간을 희망찬 시간으로 뒤바꿀 수 있는 것도 효율적인 스위치 on, off를 통해 가능하다. 대기업에서 임원으로 승진할 확률인 대개 2% 이내이다. 부사장 이상의 사장단이 되기는 더욱더 어려운 일이다.

탄생이 곧 죽음으로 향하는 여정이라는 역설적 관점을 회사생활에 대입하면, 입사는 곧 퇴사를 향해 가는 여정일 수 있다. 하지만 이 여정 속에서도 어떻게 시간을 잘 활용해 성과로 연결하느냐에 따라 결과에서 제각각 차이가 난다. 신입 사원으로 같이 입사해서 청춘을 보냈지만 어떤 사람은 과장으로, 어떤 사람은 부장으로, 또 어떤 사람은 부사장 이상의 사장단으로 정년을 마치는 것을 보면 스위치 on, off의 중요성을 새삼 느끼게 된다. 이를 잘 깨닫고 본인만의 소중한 자산을 만들어 시간적·경제적

이익으로 선순환되는 구조를 만들 수 있기를 바란다. 또한 다가오는 4차 산업 혁명의 시대에는 바로 이 '스위치 on/off'에 능한 인재가 조직과 본인의 미래를 함께 잘 만들어가게 될 것이며, 지속가능한 성장과 발전을 도모할 수 있을 것이다.

나만의 플랫폼을 만들어라

■ 대학 시절 건축공학을 전공할 때만 하더라도 내가 이렇게까지 메가스트럭처를 시공하고 전국적 반경의 활동 영역을 구축하리라고는 생각지 못했다. 하지만 대기업 건설회사에 다니다 보니 학창 시절에 꿈꾸고 생각했던 것보다 더 큰 건축물들을 계획부터 시공, 완공, 입주에 이르기까지 책임지며 지역이 새롭게, 더 좋게 변화하는 것을 전국 곳곳에서 직접 경험했다. 또 그 사이에 건축시공기술사를 포함해서 3종류의 기술사를 취득하였고, 서울시 디자인심의위원, 서울시 도시기반시설본부의 안전위원 등 건설 분야 시공과 현장 쪽에서는 최고의 전문가로 인정받게 되었다.

또 재벌들이 모여 사는 한남동과 분당 백현동에 대한민국 최고의 단독주택과 주택을 시공하며 현장 책임자로서 쉽지 않은 일을 빠르고 꼼꼼하게 처리해 입주까지 완수하였다. 이 모든 것이 건설기술자로서 정말 소중한 경험이며, 나를 인정해주고 그렇게 멋진 최고의 주택을 짓도록 배려해 준 그룹과 회사에도 감사한 마음이다.

직장인의 현실

만족스러운 직장이었음에도 불구하고 직장 생활을 하면서 목에 차고 다니는 사원증이 늘 좋지만은 않았다. 물론 근무시간에는 목에 차고 있어야 잠시 화장실과 외부 출입 등 쉽게 다닐 수가 있지만, 왠지 노동자들의 인식표라는 생각이 들었다. 그런데 많은 젊은 직장인들이 그 목줄을 차고 출퇴근까지 하면서 자랑스럽게 다니는 것을 보면 그들이 현실을 빨리 인식하기를 바라는 마음이다.

솔직히 나도 열심히 일하고 자기 발전을 위해서 공부도 꾸준히 하면서 대기업의 부사장까지 지내며 직장인으로서 상위 2% 안에는 들어가는 성공한 인생을 살았다고 생각한다. 사는 동네도 강남이니 직장인으로 이룰 수 있는 대부분의 성취는 했다고 볼 수도 있다.

하지만 아무리 잘 나가던 대기업의 CEO도 퇴직하면 동네 할아버지로 살아가야 하는 현실이다. 이런 직장인의 현실을 미리 깨닫고 준비를 하는 사람은 다행이다. 하지만 대부분의 직장인들은 하루하루 출퇴근하면서 그 세계에 빠져서 살다가 나이가

들어서 나오든지, 아니면 구조조정 등으로 준비가 안 되어 있는 상태로 회사에서 나오게 되므로 회사 문밖을 나가는 순간 현실이 힘들 수밖에 없다.

그렇다고 막상 현직에 있는 직장인의 현실이 녹록한 것도 아니다. 대부분의 직장인들은 중산층에 속한다고 하지만, 평생 돈 걱정을 하면서 살아가는 상황이다. 소득의 1/3 정도를 여유자금으로 저축하는 직장인은 거의 없을 것이다. 그런 자산은 있다 하여도 현금을 가지고 있는 직장인은 얼마나 될까? 사실 자산이라고는 하지만 실제 가진 돈이 아니라 부채가 포함된 부동산 평가액이다. 즉 대출 의존도가 높은 것이다. 발밑에 있는 내 집은 자산으로서의 평가액이 높아 봤자 가처분소득이 되기 전에는 실제로 내 삶을 별로 윤택하게 하지 못한다. 게다가 임금 상승이 물가 상승률을 따라가지 못하는 현실이다. 그 와중에 생활필수품의 가격은 물가상승으로 계속 올라간다. 그나마 구조조정으로 직장을 잃으면 소득이 거의 없는 직장인들이 많을 것이다. 안타까운 일이 아닐 수 없다.

교토삼굴(狡兎三窟)-현명한 토끼는 세 개의 굴을 파 둔다

먼저 현실점검을 해야 한다. 나는 지금 잘살고 있는지? 집안의 가장으로서 가족의 미래에 변수가 발생했을 때 문제가 있을지 없을지 점검을 해 봐야 한다.

내가 알기에는 현실점검을 하는 직장인들이 의외로 적다. 미래에 대한 준비나 아무 생각 없이 하루하루 지나면 아이들은 빨리 자라고 시간은 너무나 빠르게 지나간다.

전문직의 종사자들도 마찬가지다. 월급과 연봉이 많을 뿐이지 몸이 아프거나 일을 못 하는 경우가 발생하면 소득이 단절되고 힘들어지는 것은 마찬가지다.

누구에게나 일을 못 하는 순간은 찾아온다는 사실이다. 이는 근로소득의 치명적이고도 분명한 위험 요소이다. 누구나 인생의 마지막까지 가족 및 주변 지인과 함께 화목하고 건강하게 잘 살기를 바라는 마음이 있고, 그렇게 살려면 무엇보다도 중요한 것이 경제적 자유이다. 문제는 이렇게 중요하고 소중한 것을 수십 년 동안 다닌 초, 중, 고, 대학교와 대학원, 그리고 직장 그 어디에서도 가르쳐주지 않는다는 점이다.

우리에게 필요한 것은 매달 지속적인, 꾸준하게 들어오는 충분한 소득이다. 직장 후배인 안전팀장은 아무래도 본인이 생각하기에 회사에서 임원승진이 힘들다고 판단하자 사표를 냈다. 그리고는 퇴직금과 대출을 받아서 남양주에서 원룸, 투룸 등의 건물주가 되어 지금은 임대료만 월 2,000만원 정도의 지속적인 소득을 유지하고 있다. 처음에 회사에서 나갈 때는 앞이 막막했겠지만, 본인이 현실점검을 잘하여 지금도 더 많은 소득을 올리려 하고 있다.

이처럼 여러 사례를 통해 내린 나의 결론은 평범한 우리가 노동을 통한 근로 소득에 기대지 않고도 살아갈 수 있는 또 다른 굴을 미리 파 두어야 한다는 것이다.

플랫폼 구축

먼저 읽는 책을 바꾸어 봐도 좋을 듯하다. 나도 소설, 자기계발서, 힐링 서적 등을 많이 읽었지만 거의 다 비슷한 느낌이었다. 진짜 희망을 전하는 책을 읽어야 변화가 일어난다. 개인적으로는 내게 약간의 시각적 영향을 미친 책은《파이프라인의 우화》,《부자 아빠의 21세기형 비즈니스》등과《클린》,《환자 혁명》,《에이트》,《미래의 부》등이다. 이 책들을 통해 자산과 건강, 미래의 변화를 대비하면서 유연하게 현실에 대처하는 자세를 갖게 되었다.

특히 로버트 기요사키가 분석하는 현금 흐름의 '4분 면'은 우리에게 시사하는 바가 크다. 그에 따르면 전 세계의 95%에 해당하는 대부분 사람은 E(직장인)분면과 S(전문직, 자영업)분면에서 일하고 있다고 한다. B(사업가)분면과 I(투자가)분면은 5%밖에 안 되지만, 그들이 만든 비즈니스 판에서 E분면과 S분면의 사람들이 치열하게 경쟁하면서 살아가고 있다. 따라서 E분면의 사람들, 즉 직장인 봉급생활자들은 직장에 들어가서 다른 누군가나 회사를 위해 열심히 일해서 돈 벌고 퇴직하는 것이다. 또 S분면의 전문직 자영업자도 혼자서 활동하거나 소규모 사업체를 운영하며 스스로 일해서 돈을 벌지만, 일을 놓는 순간 소득은 없어진다.

따라서 부자가 되기 위해서는 사업가 또는 투자가 분면에서 일을 해야 하며, 본인이 가족과 휴가를 떠나도 돈이 들어오는 시스템을 만들어야 한다. 즉 평생 지속적인 소득이 들어오는 시스템을 구축하는 것이 중요하다.

이때 우리에게 필요한 것은 꿈과 확고한 결심, 빨리 배우고자 하는 의지, 그리고 이 '사분면'을 이해하고 스스로 변화하려는 능력이다.

나는 직장 생활 중 청춘과 열정, 땀과 눈물을 투입해 성과를 만들고 열심히 살아왔다. 물론 소중하고 귀한 일이며 감사하다. 하지만 내 삶의 가치를 찾고 지속적인 소득으로 노년에도 여유롭게 살 수 있는 시스템을 만들어 놓지 못하면 노후의 인생이 어려워질 수밖에 없다. 내 인생의 운전대를 내가 잡아야 한다. 대부분 직장인들은 그들 인생의 운전대를 남이 운전하도록 한 것이나 다름이 없다. 우리는 노동 소득이 아닌, 자본소득, 인세 소득 등이 나오도록 나만의 플랫폼을 구축해야 한다. 지금이라도 본인의 가치를 찾아내는 혜안으로 단발적인 물통 소득이 아닌, 지속적인 파이프라인 소득을 만들어야 한다.

특히 4차 산업 시대에는 플랫폼 구축이 누구에게나 필수이다. 내가 가치를 알고 가꿔나가며 다양한 사람들이 그것을 이해하고 공유할 수 있는 나만의 플랫폼이 필요하다. 이를 위해서는 일상에서 비즈니스 플랫폼화 할 수 있는 숨겨진 가치를 찾는 지혜가 중요하며, 성공한 사람들을 만나서 그들의 경험을 배우고 깨닫는 데에도 항상 게을리하지 말아야 할 것임을 당부한다.

3장

성공의 설계도, 사고의 전환과 긍정 마인드

보이지 않는 성공 노하우
숨겨진 시간

■ 살아가면서 느끼는 소중한 것들이 너무나 많다. 가족, 돈, 건강, 친구, 직장, 그리고 각자가 속하여 있는 공동체 등 모두가 소중한 것들이다.

이 중에서 한 가지, 가장 소중한 것을 선택하라고 하면 나는 주저 없이 건강을 선택할 것이다. 돈은 좀 부족할 경우 절약해서 사용하면 되고, 친구를 안 만나거나 가끔 만나면 되는데, 건강을 잃으면 모든 것을 할 수가 없기 때문이다.

아울러 건강과 마찬가지로 인생에서 가장 소중한 것은 시간이라고 생각한다. 시간에는 두 종류가 있는데, 우리가 직장에 다니면서 같이 업무를 보고, 점심도 먹고, 출장도 가고, 함께 일하는 것과 같이 '보이는 시간'과 자기 혼자만의 소중한 '숨겨진 시간'으로 나눌 수 있다.

이때 숨겨진 시간에 어떤 사람은 운동을 할 수도 있고, 영화를 즐길 수도 있으며, 그냥 집에서 게임을 하면서 아무 생각 없이 보내는 경우도 있을 것이다.

물론 모든 것들이 다 중요하고 소중하며 필요한 일이다. 하지만 그 시간을 어떻게 사용하냐에 따라서 인생은 달라질 수밖에 없다.

보이지 않는 숨겨진 시간

나는 직장 생활을 하면서 일과시간 외의 숨겨진 시간을 나만의 '성장의 시간'으로 또는 네트워크를 구축하는 시간으로 잘 활용한 것 같다.

나는 나만의 성장의 시간을 만들기 위해서 많은 고민과 생각을 했다. 나만의 성장을 위해서는 먼저 보이는 것 객관적으로 인정을 받을 수 있는 것을 이루어야겠다고 생각하였다. 지방대 출신이 대기업에서 성장하기 위해서는 기본적으로 열심히 일도 해야 하지만 남들이 보기에도 객관적으로 인정할 수 있는 무엇인가를 만들어야 한다는 판단이었다. 그 당시 내가 도전할 수 있는 유일한 방법은 누구나 인정하는 기술사 자격을 취득하는 것이었다. 건설회사 현장에서의 업무는 예나 지금이나 쉬는 날이 거의 없었고 새벽부터 늦은 시간까지 현장에서 구슬땀을 흘리는 생활의 반복이었다. 하지만 직장 생활 4년차를 지나면서 미래에 대한 두려움도 있었고, 세월이 빠르게 지나는데 인생 중반기 이후의 행복한 삶을 위해서 일과 이후 시간을 이용해서 공부를 하기로 결정했다.

기술사 시험을 준비한 기간인 약 6년 정도는 회사에서 일과를 마치면 대학 도서관에 가서 나만의 소중한 성장의 시간으로 만들었다. 현장에서 업무를 보면서 일과를 마치고 저녁마다 지역대학 도서관에 가서 공부한다는 것은 쉽지 않았다. 일과를 마치면 그때는 회식도 많았는데, 회식이 있는 날에도 회식을 마치면 바로 도서관으로 달려가서 밤 11시까지 책을 보면서 공부를 하였다.

내가 공부 장소를 대학도서관으로 잡은 이유는 혼자서 독서실 등에서 공부하기에는 너무나 피곤해서 공부하다가 졸리면 잠들 수 있음을 염려해서였다. 대학도서관의 넓은 테이블에서 공부를 하면 주변 학생들을 의식해서라도 잠에서 깰 수 있어서 지역마다 대학도서관에서 공부를 하였다.

그렇게 해서 건축시공기술사를 취득하게 되었고, 회사에서도 유명인으로 소문도 났으며, 주변의 부러움도 받았고, 여기에서 그치지 않고 토목시공기술사까지 도전하기로 하였다.

큰 프로젝트의 소장을 하려면 기본적으로 토목에 대한 전문성을 가지고 있어야 한다고 생각했고, 대구에서 서울에 있는 학원에 주말마다 다니면서 필기시험은 11번, 면접은 두 번 본 끝에야 합격했다. 정말 약 4년 동안 토목시공기술사 시험공부를 하느라 매주 기차와 심야 고속버스를 타고 다니면서 몸은 힘들었지만 나의 성장을 위해서 최선을 다한 시기였다.

또한, 본사에서 근무할 때는 한양대학교 야간 대학원에 진학해서 석사 학위를 취득하기도 했다. 내가 대학원에서 공부를 더 하겠다고 담당 임원에게 보고를 했더니 그 임원은 바쁜데 왜 대학원에 가냐고 만류를 했다. 하지만 그 임원이 나의 미래를 책임질 수 없다는 것을 알기에 나는 대학원에 진학해서 학업을 이어갔다. 그리고 지금 생각해보면 나의 판단이 옳았다고 느껴진다.

숨겨진 시간에 꼭 해야 할 일, 네트워크 구축

좋은 네트워크를 구축한다는 것은 그 사람이 평생을 살아가면서 주변과 좋은 관계를 유지하는 것이기 때문에 정말로 소중한 일이며, 그 좋은 네트워크를 유지하기 위해서는 스스로 노력이 필요하다. 지금도 좋은 사람들과 좋은 관계를 유지하기 위해서 나는 먼저 안부를 묻고 문자 등으로 연락과 소통을 지속하고 있다.

특히 건축이라는 내 직업과 회사에 감사했던 것은 무엇보다도 전국적으로 성공하신 분들을 만나서 삶의 지혜를 얻는 시간을 많이 가질 수 있었다는 점에 있다. 지금도 나는 사람을 폭넓게 만나고 있다. 기본적으로 좋은 사람을 만나서 좋은 음식과 좋은 이야기를 나눈다는 것은 큰 축복이 아닐 수 없다. 실제로 좋은 분을 만나서 1시간 나누는 대화가 좋은 책을 한 달 이상 읽는 가치가 있다고 생각한다.

일례로 대구에서 만난 친구 중 대구 FC클럽 이호경 회장은 본인의 회사 사업이 바쁜데도 불구하고 FC 엔젤클럽이라는 대구 프로축구단 후원 동호회를 만들었다. 처음에는 주변의 오해도 많이 받았지만, 시민들이 합심해서 축구단을 지속적으로 후원하며 기업도 자발적으로 참여도 하고 있다. 단체 응원도 가고 회원들이 정기적으로 자율 후원금을 내는 등 대구FC 엔젤 클럽이 대구시민의 문화의식 향상과 프로축구의 발전에 지대한 역할을 하고 있다. 대구 유소년 축구 꿈나무 후원 등 회원수만 해도 SNS 단톡에 있는 인원이 500여 명이니 실제 회원 수가 800명 이상은 될 것이다.

또 한 친구는 바르미 칼국수의 서기수 회장인데, 칼국수 장사로 시작해서 대구 인터불고 호텔의 주인이 되는 과정을 보면 그들만의 숨겨진 시간의 결과가 주변에 선한 영향력을 만드는 것을 많이 느낀다. 일찍부터 여행은 '먹으며 보는' 재미임을 간파해 '바르미칼국수'의 성공을 '바르미투어'로 확장한 그는 동남아 시장에 진출해 요식업과 여행업에서 성공을 거두었고, 이를 기반으로 '인터불고 호텔'로까지 진출하게 된 것이다. 평범하게 느껴질 칼국수 한 그릇에서 시작된 그의 성공은 이제 여행과 숙박, 음식을 아우르는 사업망으로 확장되었다.

이렇듯이 성공의 시작은 우리가 외적으로 쉽게 볼 수 있는 평범한 것일 수 있다. 하지만 내면의 가치, 사람의 마음, 믿음, 소망, 사랑, 간절한 꿈, 확신 등은 보이지는 않지만 너무나 평범한 것을 의미있게 변화시키고 성공의 출발점으로 만드는 소중한 동기가 된다.

따라서 꿈과 비전이 있는 사람은 가치를 생각하면서 생활한다. 하지만 꿈과 비전이 없는 사람은 보이는 것만 추구하게 된다. 눈앞의 현란한 유혹과 자극을 주는 대상들에 매몰되어 시간을 허비하고 통찰력과 깊이를 더해주는 곳에 시간을 쓰기를 게을리하는 일이 없도록 해야 할 것이다. 시간을 생명체로 봐야 한다. 시간은 살아 움직이고 확장된다. 따라서 시간을 잘 관리하고 활용하는 사람은 그렇지 못한 사람보다 수년이 지나면 엄청난 차이를 보이게 된다. 시간은 절대 돌아오지 않고 그 시간에 대한 결과는 분명히 나에게 나타나는 것이다. 황금보다 더 소중한 것이 시간이라고 말하지 않는가? 따라서 우리 각자는 자신에게 주어진 숨겨진 시간을 잘 활용하는 지혜를 가져야 한다.

특히 젊어서부터 지녀 온 나쁜 생활 습관 등의 결과는 분명히 늙어서 돌아오기 마련이다. 매일 술, 담배에 운동도 안 하는데 어떻게 중년 이후에 건강하기를 바랄 수 있겠는가?

시간은 누구에게나 공평하다. 그 때문에 정말로 소중한 것이다. 그 공평한 시간에 누구는 건강과 부귀와 영화를 누리고, 누구는 평생 아프고 이웃에게 민폐만 끼치다가 하늘나라로 가는 것을 우리는 종종 주변에서 볼 수 있다.

지금 우리가 취하는 행동과 의사 결정이 우리의 5년 후, 10년 후의 미래를 결정한다. 인생에 있어서 최고의 강자는 계속해서 공부하는 사람이라고 한다. 부사장으로 있으면서 나에게 속한 부서 중에 가장 업무량이 많고 바쁜 부서가 건축팀이다. 건축팀은 전국 현장의 현안과 예상되는 현장의 리스크 지원 방안 등 업무들이 많아서 이른 아침 7시 경이면 모두 다 출근해있다. 그리고 각자가 열심히 일하는 직원들이었다. 건축 팀장을 포함해서 7명인데 한 명을 제외한 6명이 건축시공기술사를 취득했다.

정말 전대미문의 기록이다. 하지만 아쉽게도 이러한 기록의 의미를 모르는 임원들이 많아서 안타까운 점은 있지만, 인생에서 중요한 것을 성취하고 회사에서 포상도 받으며 매월 기술사 자격 수당도 받는 혜택은 주어진다.

나는 그 부서원들과 티 미팅을 할 때마다 각자의 애로사항과 생각을 들으면서 시간의 소중함, 꿈과 비전, 목표를 달성하려면 숨겨진 시간의 중요성을 잘 알아야 함을 종종 회의 시간에 강조하였다. 그리고 이에 따라 부서원들이 스스로 늦은 시간까지 남아서 공부 모임을 만들어서 열심히 노력한 결과 1명을 제외한 모두가 합격한 것이다.

내가 알기로는 어느 회사에서도 한 부서에서 그 많은 인원이 그 힘든 시험에 합격한 사례는 없을 것이다. 이처럼 숨겨진 시간은 우리의 삶에 있어서 너무나 소중하다. 이 숨겨진 시간을 활용하는 독려를 잘 받아들인 내 팀원들은 건축시공기술사를 따내는 성공적인 자기계발을 하였고, 그들은 지금까지도 나의 좋은 네트워크가 되어주고 있다.

나도 부유하지 않은 가정에서 태어나고 자랐다. 그냥 시간이 흘러가는대로 살았다면 지금의 소중한 시간은 없을 것이다. 비록 힘든 환경이었지만 무엇보다 소중한 숨겨진 시간에 나만의 가치를 찾으려고 노력을 했고, 대안 없는 비판보다는 늘 좋은 방향으로, 긍정적으로 세상과 미래에 대한 확신이 있었기에 지금의 모습으로 살 수 있다고 생각한다.

지금도 주변에 힘들고 지친 젊은이들이 너무나 많이 방황하고 있는데, 비록 지금은 힘들지라도 나의 내일은 빛날 것이라는 확신과 믿음으로 힘찬 내일을 위해서 마음 속에 있는 나만의 열정을 키워서 성공자의 삶으로 성장하기를 바라는 마음이다.

힘든 일이
가장 쉬운 일이다

■ 오랫동안 직장 생활을 하면서 감사하게도 건축 분야에서 누구보다도 더 많은 경험과 다양한 활동을 했다. 서울시 디자인 심의위원, SH 서울 주택 공사 빈집 뱅크 심의위원, 서울시 건설기술 심의위원, 국방부 안전 심의위원, 서울시 도시 기반시설본부 안전 심의위원 등 현직에서도 정신없이 바쁘게 일을 수행하면서도 공식적인 대외 활동을 이어갔다.

솔직히 말하면 직장 생활을 하면서 서울시의 심의위원을 한다는 것은 쉽지 않은 일이었다. 당시 서울시 건설기술심의위원회에 위촉된 251명 가운데 건축계획분과 18인 중 교수가 6명, 정치인이 1명, 기관 출신이 1명이고 나머지는 개인 건축사무소의 대표들이었다. 대기업의 간부는 내가 유일했다.

사실 위원이 되는 것 자체도 쉽지는 않았다. 전문성과 자격이 있어야 하며, 따라서 주로 대학교수들이 심의위원으로 활동하고, 아마도 심의를 진행하면 교수들 논문 작성에도 혜택이 있는 것으로 알고 있다.

하지만 나의 경우 현업 전문가였다. 그 점을 반영해 대기업 부사장으로서 바쁜 일정을 소화하면서 공공의 발전을 위해서 나의 전문성을 서울시 심의에서 지적하고 발전할 수 있도록 지위를 부여한 것이라고 보았다. 그러나 직장 생활과 병행하며 교수들이 대다수인 심의위원 활동을 이어가는 것은 쉽지는 않았다. 기본적으로 심의를 하려면 두 번 정도 내용을 살펴보고 문제점과 개선 방향 등을 분석한 다음 지적해 주어야 했다.

게다가 심의위원의 구성 대부분이 현직 교수들이라 그들이 현장을 잘 모른다는 것도 문제였다. 그래서 나는 현장에서의 예상되는 리스크를 개선시키는 쪽으로 심의를 하면서 일이 잘될 수 있는 방향으로 진행되도록 노력했다.

세상에 쉬운 것은 없다

사람들은 보통 쉬운 길을 택한다. 직장에서도 직원들은 힘든 프로젝트는 피하려고 한다. 건설사의 경우 지방 공사가 많은 특성상 지방 발령을 꺼리는 일이 종종 생기게 된다. 공사 총괄 본부장 시절에 현장 배치의 인사발령은 나를 통해서 의사결정이 되고 현장소장의 현장 배치건 등은 대표이사와 협의해서 적합한 인물로 발령을 냈다. 그런데 간혹 눈치가 빠른 부장 이상의 직원들은 내 사무실 방에 인사하러 와서 아이의 문제, 부모님의 문제 등으로 지방 근무를 안 하도록 요청하는 경우가 있었다. 물론 진짜로 그와 같은 이유라면 당연히 배려해 주어야 한다. 하지만 좀 더 깊이 파악해 보면 결국에는 힘들 것으로 예상되는 현장은 안 가고 싶어서 찾아온다는 것을 알 수가 있다.

나는 신세계그룹에서 힘든 현장을 잘 잘 수행하는 사람으로 인식되어 있다. 회사 내에서도 문제가 있을 때 길을 찾아주는 남자가 바로 문길남이었다. 앞서 언급한 광주신세계 복합 지하 통로의 123M의 연결 통로 공사, 45일만에 완공된 신세계 천호 이마트 변경 공사, 동대구 복합환승센터, 한남동 오너 주택 프로젝트도 등이 바로 그 사례였다. 특히 한남동의 경우 발령이 나니 친구들과 동료들은 나보고 신세계에서 오래 근무를 못 할 것이라고 말했다. 근무하는 기업 오너의 공사를 하다가 딱 한 번 실수라도 하면 바로 퇴출될 거라면서 걱정을 많이 해 주는 동료들이 많았다. 하지만 나는 그런 문제에 대해서는 전혀 생각하지 않으며 최고급 주택을 완벽하게 만들어 냈다.

이처럼 힘든 일이지만 결국은 하고 나면 쉬운 일이 되고, 힘들고 어려운 일이 더 좋은 경험과 성과를 만드는 것을 알아야 한다.

힘든 일에는 도움의 손길이 있다

보통 사람들이 하나는 알지만 둘은 모르는 경향이 있다. 내가 많은 경험 중에 얻은 깨달음은 바로 힘든 일에는 반드시 도움의 손길이 있다는 점이다. 힘든 프로젝트의 책임자가 되면 먼저 마음가짐이 달라진다. 잘해서 성과를 만들어 보겠다는 도전정신이 생기며 주변 부서에서 도와주려고 노력을 한다. 인사팀 등에서는 우수한 인력을 보내주고, 외주팀에서는 일 잘하는 우수한 협력사를 지원해 준다. 세상에 무슨 일이든 쉽게 얻어지는 것은 없는 법이다. 오히려 좀 더 남들도 인정하는 힘든 과제나 프로젝트를 도전하고 성취를 이루면 본인의 가치는 향상되고 승진의 기회도 찾아오는 것이다.

하지만 현실은 대기업 직원들의 기업가 정신과 도전정신이 실종되고 있는 것이 안타깝기만 하다. 직장 생활이라는 흘러가는 시간 속에서 한두 번 정도는 도전도 하고 인생의 승부를 거는 돌파력과 추진력이 있어야 한다.

강한 사람은 온유하고 능력이 있는 사람은 겸손하다는 말이 있다. 리더는 온유하고 겸손해야 한다고 생각하며 온유함에서 나오는 카리스마는 엄청난 파워를 일으킨다. 그리고 옳은 일을 위해서는 편견의 세상에서 외칠 수 있는 용기도 필요하다. 나는 신입 사원 시절부터 건설회사와는 어울리지 않는 이미지라는 말을 많이 들었다. 나의 강점은 온유하고 겸손한 태도이지만, 프로젝트의 목표와 방향 설정이 되면 엄청난 내면의 힘으로 주어진 프로젝트를 만들었고 성공적으로 잘 완수하였다.

두려움을 떨쳐내자. 누군가 해야 한다면 쉬운 일보다 힘든 일을 본인이 먼저 하자. 오히려 더 좋은 기회를 잡는 동시에 주변에 도움의 손길이 더해져 더 잘될 수 있다. 결국 힘들어 보이는 일이 나를 발전시키는 가장 쉬운 일이 될 수도 있다.

실패란 못하는 것이 아니라 안 하는 것이다

■ 살아가는 인생 자체가 문제의 해결 과정이다. 세상에 문제가 없는 일은 없다. 그래서 나의 이름을 따서 유튜브 채널명도 "문제가 있을 때 길을 찾는 남자 '문길남'"이라고 소개한다.

나는 어릴 때 가난한 환경에서 자랐지만 늘 미래에는 잘 될 것이다. 라는 생각을 하면서 살았다. 하지만 사춘기 시절에는 현실에 늘 불만과 앞날에 대한 두려움, 내일에 대한 기대와 불안, 친구들과의 관계 등으로 마음 아파하고 회복하기를 반복하면서 보냈다.

누구나 그렇겠지만 오랫동안 직장 생활을 하면서 그래도 나는 하고 싶은 일은 도전을 하면서 살아왔다. 하지만 대다수 직장인은 할 수 있는 좋은 기회들에 도전하지 않고 포기하 보니 시간이 지난 후 많은 아쉬움이 있으리라는 생각이 든다.

포기하지 않으면 좋은 경험이 축적된다

내 전공도 아닌 토목 시공 기술사를 도전했을 때의 이야기를 하자면, 전공이 아닌 상태서 시험에 도전하다 보니 필기시험을 10번 떨어지고 11번째에야 합격하게 되었다. 면접시험에서도 면접관 교수가 왜 건축 하시는 분이 토목 하시는 분들의 자격을 가지려고 하나면서 핀잔을 주었고, 첫 번째 면접에서는 낙방했다가 두 번째 면접에서 간신히 합격하였다.

공부한 기간만 해도 약 3년 반에서 4년 정도. 정상적인 퇴근도 못 하고 도서관에서 매일 밤 11시까지 공부를 했고 주말이면 학원이 서울 용산에 있어서 지방에서 기차로 올라와 늦은 밤까지 공부한 후 수업을 마치면 심야 고속버스를 타고 지방의 집으로 퇴근을 했다.

솔직하게 말하면 후회스러울 때도 많았다. 진짜 열심히 매주 서울을 오가면서 나의 열정을 다해서 공부했는데, 10번이나 계속해서 필기시험에 떨어지니 실망도 많이 했다. 그때 내가 나약하게 포기했다면 나는 영원히 토목 기술사를 보유하지 못했을 것이다. 합격할 때까지 포기하지 않고 계속 돌진한 것이 결국에는 합격의 영광을 얻을 수 있었던 동력이었다.

실제로 이 토목기술사 자격증이 효과를 발휘한 때도 있었다. 대형 현장을 관리하다 보면 종종 지자체 의원들, 관청 등의 특별한 요청이 발생한다. 복합환승센터의 주차장에서 수성구 방향으로 나가는 지하 연결 진출로 약 490m를 공사할 때 일이다. 대구시 시의원이 진출로의 공법을 터널 공법 개착식이 아닌 비개착식으로 하라는 하였다. 나는 그렇게 하면 공사 일정이 늦어지고 안전에도 도움이 되지 않기 때문에 교통이 조금 불편하더라도 안전을 위해서 개착식으로 해야 한다고 주장하였다. 하지만 시의원은 시청의 토목 관련 유관부서 과장들과 현장소장인 나를 참석시켜서 자기의 주장을 관철시키려고 하였다. 유관부서의 과장들도 시의원의 의견에 동조하는 분위기였으나, 내 주장이 워낙 강해서 내게 무리한 요구를 하지는 못하는 상황이었다. 그러다가 회의 중 과장 한 분이 "문 소장은 전공이 건축이시지 토목 분야는 잘 모르시지 않나요?"라는 지적이 들어왔다. 그때 "내 전공은 건축이다. 그리고 토목 시공기술사도 보유하고 있다"라고 하니까 그 뒤로는 무시하는 듯한 발언을 함부로 하지 못했다. 결국 나의 주장대로 공사는 성공적으로 마무리되었고 공기와 공사비도 절감되었다.

보통 주변의 지인들을 보면 몇 번 시험에 도전해보고 안 되면 쉽게 그만두는 경우를 너무나 자주 보게 된다. 정말 안타까운 일이다. 세상에 그렇게 쉽게 합격할 일이라면 애초에 왜 시험이 있을까? 세상에 쉬운 것은 없다는 생각으로 도전하고 성취하는 삶을 즐길 수 있는 내공을 길러야 한다.

성공자들은 계속 도전한다

내가 만난 성공자 중에 사업을 하면서 한두 번의 실패를 경험하지 못한 사람은 없는 것 같다.

재벌 자녀가 아닌 이상 어떻게 힘들고 고통스러운 경험 없이 순조롭게 번창하는 사업가가 있을까? 내가 생각하기에는 그런 이상적인 사업가는 없을 것이다. 모두가 도전하고 실패하면서 경험이 쌓이고 축적되면서 강해지고 더 단단해지는 것이다.

회사에서 업무지시를 하면 검토하기도 전에 늘 부정적으로 바라보는 직원들이 많다. 그들 중 상당수가 학벌도 좋고 평안한 업무만 하면서 생각 없이 직장 생활을 편하게 하는 사람인 경우가 많다. 애초에 될 일만 한다면 회사가 발전할 새로운 여지는 없다. 나 또한 그러한 도전 정신이 없었다면 임원은 못 되었을 것이다.

알리바바 창업자 마윈에게 '거절'과 '실패'는 늘 삶의 그림자처럼 따라다녔다. 초등학교의 중요한 시험에서는 두 번 떨어졌고, 중학교 시험에서는 세 번, 대학시험에서도 세 번 떨어졌다. 하버드대학에는 열 번 떨어졌고, 취업에는 30번 떨어졌다. 92년에는 창업을 했다가 망했고, 드디어 99년에 알리바바를 창업한 것이다.

하지만 끊임없는 실패 속에서 그는 성공했다. 그는 전쟁터에서 살아 돌아오는 게 성공이듯 살아남는 게 성공이라고 했다. 생존한 5%가 되려면 95% 저지르는 실수에서 반드시 배워야 한다. 발명가 라이트 형제도 플라이어 1호가 탄생하기 전까지 1,000회에 이르는 크고 작은 실험을 하면서 실패에 실패를 거듭했다. 실패가 성공을 위한 굳은살을 만든다. 일본의 '경영의 신' 마쓰시다 고노스케 회장은 어려움을 만났을 때 나아가기를 중단하면 실패가 되지만, 끝까지 밀고 나가 성공하면 실패가 아니라고 했다. 이처럼 성공한 사람들은 계속 도전하면서 성공의 기회를 만들어 왔다. 무언가 만들기 위해서는 계속해서 생각하고 도전하는 생활 태도가 소중하며, 결국에는 자기 성장과 발전에 큰 도움이 될 것이다.

예를 들어, 사업하는 사람이 "나는 물건은 잘 만들지만, 제품을 파는 것에는 소질이 없어"라고 말한다면 그 사업은 100% 실패할 것이다. 사업하는 사람들에게는 파는 것이 자랑스런 행위이다. 팔아야 매출도 생기고 이익도 생긴다. 그러니까 무엇이든지 포기하지 않고 계속해서 시도하는 정신이야말로 칭찬받고 존경받을 만한 일이다.

프로와 아마추어의 차이

프로와 아마추어의 차이는 리스크를 바라보는 관점에 있다. 프로는 리스크를 포기가 아니라 극복의 대상으로 바라본다. 일하다가 한계에 부딪히면 아마추어는 쉽게 포기하지만, 프로는 이겨내기 위해서 계속 도전한다. 아마추어는 목표를 짧게 잡지만 프로는 길게 보고 계속해서 꾸준하게, 지속적으로 성장한다. 아울러 프로는 자신에게 엄하고 아마추어는 남에게 엄하다고 한다.

실패를 쉽게 받아들이고 도전을 멈추면 아마추어가 된다. 반면 실패에 맞서 극복하면 프로가 된다. 무엇을 하든지 쉽게 포기하지 말고 목표를 세우며, 기나긴 고난이 와도 포기하지 않는 자가 결국에는 무엇이든 만들어가고 창조자로서의 역량을 발휘할 수 있다. 따라서 우리는 이 사실을 믿고 실패를 좋은 경험으로 승화시키는 능력을 길러야 할 것이다.

노력보다 중요한 꿈꾸는 능력

■ 우리가 살아가면서 가장 중요한 것은 앞으로 남은 인생을 어떻게 살 것인가라는 점이다.

누구나 모두가 열심히 살았고, 최선을 다하는 삶을 살았다. 하지만 40대, 50대를 지나면서 정말 열심히만 일하면서 세월을 보냈고 정작 잘 살았다는 생각은 와 닿지 않는 경우가 많다.

계획적이고 목표를 세우며 비전을 가지고 원대한 꿈을 꾸면서 사는 사람이 과연 얼마나 될까? 보통 사람들은 그런 생각 없이 그냥 하루하루 지내면서 살아온 세월이고 삶인 것이다.

그것이 나쁘다거나 잘못되었다는 말은 아니다. 이제부터라도 무작정 열심히 하는 사는 것보다는 꿈꾸는 능력을 키우고 만들어서 5년 후, 10년 후 지금보다 나은 삶을 살아갈 수 있도록 노력하는 게 중요하다고 생각한다. 그러기 위해서는 한 번 더 다르게 생각하는 습관을 만드는 것이 중요하고 세상의 변화에 유연하게 대처하는 자세를 유지해야 한다.

혼돈이 커지면 기회도 커진다. 우리는 무엇이든 해보면서 기회를 찾아내는 능력을 키워야 한다. 변화와 나란히 걷는 즉시 교육의 시대에 디지털을 도구로 하여 기술의 변화에 적응하는 것이 필수 과제이다. 넓게 알고 빠르게 적용하는 시대이다. 그리고 함께 공유하면서 관계를 유지하고 그것이 지식의 장으로, 정보의 장으로, 비즈니스의 장으로 연결되도록 만드는 것이다.

목표는 너무 작아도 너무 안전해도 안 된다

꿈과 목표를 정할 때는 당신의 현재 위치보다 훨씬 넘어선 커다란 꿈과 목표를 가져야 한다.

비록 현실은 부족하고 불만투성이지만 그럴수록 더 큰 이상을 품어야 한다. 그래야 살아갈 수 있는 에너지가 생기고, 한 걸음씩 전진할 수 있으며, 삶의 의미를 발견할 수 있다.

우리의 삶은 현재의 안전에 만족하면서 현실에 안주하려는 마음과 더 나은 미래의 자유를 갈망하면서 살고 싶은 양면적인 마음을 가지고 있다. 이 두 마음이 항상 서로 이기고 지고를 반복하면서 우리의 꿈도 목표도 생겼다가 없어지기를 거듭하는 것이다. 누가 이길지는 오직 나 자신만이 결정할 수 있다.

나는 솔직히 말해서 어린 시절에 불만만 있었지 꿈과 목표 같은 것은 생각해 보지 않았다. 그 누가 가르쳐 주지도 않았고 다만 어린 나이에 지금보다는 더 잘살아야겠다는 생각을 내면에 늘 가지고 있었을 뿐이다. 그렇다고 뭐 특별한 노력을 한 것도 아니다. 막연하게 어린 시절 현재의 부족함에 대한 불만을 '내가 어른이 되면 더 잘 살거야' 라는 자기 확신으로 승화하며 어린 시절을 보낸 것 같다. 그러면서 사춘기 중, 고등학생 때는 나름 논다는 친구들과 어울리기도 하고 싸움도 종종 하면서 부모님께서 걱정을 많이 하셨다.

하루는 노는 친구들과 헤어지고 집에서 낮잠을 자는데 엄마의 기도하는 소리가 들렸다. 내가 자고 있으니까 어머니가 나를 위해서 기도를 하는 것이었다. 잠을 깨서 일어나고 싶었지만 그럴 수가 없었다. 그냥 엄마의 기도를 자는 척하면서 듣고 있었다. 그 일이 있고 난 후 나도 모르게 마음에 변화가 있기 시작한 것 같았다. '이렇게 살면 안 되겠다'라는 생각이 들었고 다시 학업에 열중하기로 마음먹었다. 그때가 고등학교 3학년 6월 중반이었다. 내가 만약에 목표를 낮고 안전하게 잡았다면 내가 가고 싶은 4년제 대학에는 못 갔을 것으로 예상된다.

주변의 노는 친구들은 나보고 변했다고 하였고, 꼭 대학에 가서 더 나은 미래를 만들기 위해서 공부는 하겠다고 마음은 먹었는데, 대학 입시시험까지는 몇 개월 남지도 않았다. 그래도 열심히 공부했다. 학교에서 코피도 흘리면서 공부를 했고 친구들이 나를 부축해 주기도 했다.

그렇게 해서 대학시험을 칠 수가 있었고 운 좋게 나는 대학교 건축과에 입학하게 되었다.

그렇게 입학한 대학 생활은 나를 일찍 철들게 하였다. 그때는 학생 데모도 많이 있었고 혼란스러운 시기였다. 나 역시 친구들과 데모에도 참석도 하고 독재 타도를 외치기도 하였다. 하지만 최루탄에 물든 캠퍼스에도 꽃은 피었기에, 학교 친구들은 축제와 놀이 등으로 시간을 보낼 때도 있었다. 그런 와중에도 내 마음속에는 저 높은 곳에 자리한 좌표가 있었기에 나는 도서관에서 책과 씨름하며 꿈에 한 걸음 더 다가가기 위해 노력했다.

노력도 중요하지만 꿈꾸는 능력이 더 중요하다

그런 대학생활 이후로 직장 생활을 30년 이상 성공적으로 하면서 깨닫는 것은 노력도 중요하지만 보다 더 중요한 것은 꿈꾸는 능력이라는 생각이 들 때가 많다.

사실 우리 주변은 모두 이미 열심히 살고 있다. 또 그래야 삶을 유지할 수 있을 것이다. 새벽시장을 나가보라. 얼마나 많은 사람들이 열심히, 이른 새벽에 일하고 있는가? 건설 현장에 가보라. 근로자들이 이른 아침부터 열심히 일하는 모습을 보라. 정말 땀방울을 흘리면서 일을 한다.

문제는 이렇게 열심히 일하면서 일만 열심히 하는 사람과 꿈을 가지고 일하는 사람 사이에는 시간이 지남에 따라 엄청난 차이가 생긴다는 것이다. 아주 작은 회사에서 직접 망치를 잡고 일하던 사람이 10여 년 이상 지나면서 중년 회사의 회장으로 성장하여 멋지게 살아가는 모습을 보면 참 보기가 좋다. 또다른 지인도 작은 석재 회사의 사원으로 다녔지만 회사 과장 시절 때 과감하게 독립하여 열심히 노력한 결과 지금은 본인이 꿈꾸었던 경제적 자유를 누리면서 사는 것을 본다. 내 주위에는 그런 성공한 사람들을 자주 접할 수 있는 기회가 많았다.

그들의 공통점은 일만 하지 않았다는 것이다. 목표와 꿈을 가지고 열심히 살았기에 세월이 지나면서 성장과 발전을 이루어낸 것이다. 꿈과 목표가 없었다면 단순히 작은 회사의 근로자로서 고된 생활을 유지하고 있을 것이다. 하지만 꿈과 목표를 가지고 변화에 유연하게 대처하면서 살아온 그분들을 보면 너무나 자랑스럽고, 함께 성장·발전하면서 살아온 모든 시간이 소중하기만 하다.

우리도 살아가면서 성공한 그들처럼 지나가는 시간 속에서 꿈을 나누고 목표를 세우면서 날마다 발전하는 삶이 되기를 기대하는 바이다. 누구에게나 기회가 있고 꿈을 꿀 수 있다. 노력도 중요하지만 꿈꾸는 능력도 키워서 모두가 성공자의 삶을 살기를 바라는 마음이다.

동대구역 프로젝트
지역 상생의 기적

■ 어디든지 대규모의 현장 프로젝트가 진행되면 전국적으로 많은 사람들이 모여든다. 현장 근처에는 하나의 작은 지역 경제가 형성된다. 삼성전자의 평택 공장을 생각하면 이해될 것이다. 요즘 전반적으로 불경기임에도 불구하고 평택지역 일대는 삼성전자 신축 현장의 근로자들로 인해서 경제가 호황을 누리고 있다. 그만큼 사람들이 먹고 자고 회식하면서 지출하는 돈이 지역경제에 엄청난 영향을 미친다.

그런데도 대한민국의 지자체 중 대기업이 들어가려고 하면 각종 규제로 인허가를 잘 안 해주는 지자체 정치인들과 공직자들을 보면 참으로 안타까운 마음이다. 정치인과 공무원들이 수익을 창출해서 사회가 발전되는 것이 아니지 않는가? 기업들이 투자를 자유롭게 할 수 있는 환경을 만들어서 그들이 열심히 생산·판매하며 고용도 창출시키고 세금도 내므로 국가 경제나 지역경제가 발전하는 것이다.

주변 동네가 잘되어야 성공한다

나는 기본적으로 모든 프로젝트는 지역과 함께 성장해야 한다고 생각하는 사람이다.

연면적 12만 평의 대규모 프로젝트인 동대구 복합환승센터 공사 초기에 주변의 많은 곳에서 현장 내에 함바를 설치하고 싶어 했다. 그 정도 규모의 프로젝트에는 함바를 3개소 정도 설치해도 작업하는 근로자와 직원들이 많아서 장사가 잘되었을 것이다. 그리고 대규모 프로젝트에는 수많은 공종(工種)이 있다. 골조 공종에서부터 인테리어 마감 공종까지 수많은 협력업체들이 있지만 이익을 확실하게 챙길 수 있는 공종은 함바인 것이다. 따라서 대형 프로젝트가 시작되면 여기저기서 함바 운영에 관심을 가진다. 나도 현장의 책임자로서 현장 내 함바가 있으면 당연히 편리하고 하루 세끼 따뜻한 밥을 잘 먹을 수 있었다. 현장 책임자인 나에게는 더 잘해주려고 했을 것이다.

하지만 나는 처음 공사 초기부터 함바를 투입하지 않고 나와 근로자 및 직원들이 좀 불편하더라도 주변 동네의 식당에서 밥을 사 먹도록 하였다. 기본적으로 동네가 잘되어야 한다는 나의 철학이 있었기 때문이다. 그 당시 본사의 대표께서도 전화를 하셔서 와서 “문 상무, 함바를 설치해야지 혹시라도 근로자들이 점심 식사 중에 약주를 하고 큰길을 건너다가 사고라도 발생하면 책임져야 한다"라면서 함바 설치를 지시했지만 나는 하지 않았다. 그런 문제는 간단하게 해결할 수 있었다. 근로자들이 식사 후 현장에 출입할 때 음주 테스트를 해서 음주한 근로자가 적발되면 그날 작업을 못 하게 하였고, 연속해서 음주로 두 번 적발되면 현장에서 퇴출을 시키도록 하였다.

그 외에 그룹의 관계자 또는 외부 관계자들이 함바를 설치하라고 나에게 적극적으로 지시했지만 현장 책임자로서 나는 프로젝트의 성공을 위해서 함바 설치를 포기하였다.

언론에 보도되면서 시민들 인식이 좋아짐

이런 사실이 근로자들의 입소문을 타고 주변에서도 알게 되었고 지역 상권도 활성화되었다. 어느 가게 식당은 "저녁 손님을 100명 이상은 안 받겠다"라고 하는 식당도 있었다.

주변의 숙박시설과 가게들이 장사가 잘되었고 대구 〈매일신문〉 일면에 대형현장 공사장임에도 함바집이 없이 지역과 상생하는 좋은 사례로 보도가 되었고, 대구시민들이 많이 알게 되어서 현장의 이미지를 긍정적으로 개선시켰다. 이렇게 주변에 알려지면서 현장의 책임자로서 더 좋은 이미지를 만들기 위해서, 그리고 실질적으로 주변 지역 동네에 좋은 효과를 내기 위해서 많은 아이디어를 내고 노력하였다.

그 외에도 일주일 중에 하루는 날짜를 정해서 조회를 마치면 직원들이 모두 외부를 청소하였고, 혹시라도 시민들이 불편한 부분은 없는지 늘 세심하게 관리하였다.

물론 대규모 프로젝트이다 보니 주변에 민원들, 특히 교통 체증에 대한 민원과 언론에 항상 나오는 대규모 시설이 들어오면 교통지옥이 된다는 등의 기사로 늘 편안할 날이 없었다. 그래도 모범적인 프로젝트로 대학과 다른 지역, 제주도는 물론, 서울시 건설교통 의원들도 견학 오는 현장으로 발전하였다.

개인이나 기업이나 어디든 나 혼자만의 욕심으로 살아간다는 것은 성장도 힘들고 오래갈 수 없다. 나 혼자만 잘되고 잘 살려고 하는 것은 바람직하지 않다. 공동체인 내 주변이 잘 되는 토대가 만들어져야 원하는 삶을 살 수 있고 발전도 한다. 이기적이고 개인적으로도 살 수 있지만 결국 공동체 사회가 무너지면 우리의 인생도 무너진다는 점을 깨달아야 할 것이다.

방향을 잡고 끊임없이 힘차게, 확신 있게 전진하라

■ 감사하다는 것을 만족한다는 의미로 이해하는 사람들이 많다. 내가 생각하는 감사는 만족이 아니다. 만족하면 안주하고 주저하게 된다. 그러나 계속 도전하고 성장하려고 할 때는 더 많은 감사를 느낄 수 있다. 그리고 감사할 때 더욱 도전할 수 있다.

감사한 인생을 사는데 열심히 일하는 것도 중요하지만 그것보다 더 중요한 것은 방향을 잘 잡는 것이다. 방향이 없으면 목표지점 없이 운전대를 잡는 것과 마찬가지다. 그리고 방향을 잡았으면 멈추지 않고 계속 가야 한다. 멈추게 되면 다시 리셋해야 한다. 포항제철의 용광로는 365일 계속 불이 켜져 있다. 한번 불을 피우는 데에는 엄청난 에너지가 들어간다. 마찬가지로 한 가지 과업에 집중하고 몰입하기 위해서는 준비 작업에 상당한 시간과 노력이 필요하다. 따라서 방향과 목표가 설정되면 중단없이 나아가는 추진력이 요구된다.

성공의 필수 조건 자신만의 단 하나, 한 방향

베스트셀러 《더 원씽》의 저자는 "성공을 위한 자신만의 단 하나는 무엇인가?"라는 질문을 한다. 저자는 "나의 단 하나는 직업적인 맥락에서 지식과 경험을 전달하고 사람들에게 선한 영향력을 주며 공유하는 일이다. 그것이 나의 열정을 불태울 수 있기 때문이다."라고 말하고 있다. 나도 개인적으로 비슷한 생각이다. 그런 열정으로 기술사 자격 세 개를 취득하게 되었으니, 이를테면 건축 분야에서의 박사 세 개나 마찬가지다. 30년 이상 회사생활을 통한 좋은 경험 속에서 이런 경험들을 후배들과 공유함으로써 그들이 더 나은 발전을 하기를 바라는 마음이다.

자신만의 단 하나에 못지않게 중요한 것이 한 방향을 향한 집중력이다. 단 하나의 일에 집중할 때, 즉 한 방향으로 잘 잡아서 에너지의 초점을 맞출 때 성공을 이루게 되며 여러 가지로 일을 할 때는 실패를 거듭했다고 한다. 또 집중력이 여기저기 퍼져 있으면 그만큼 시너지를 낼 수도 없다.

이처럼 탁월한 성과는 방향 설정과 에너지의 몰입을 통한 집중에 달려 있다. 또 그것이 효율적이며 성과도 좋다. 하지만 대부분의 사람들은 그렇게 생각하지 않고 있다. 큰 성공은 힘들고 오랜 시간을 투자해야 함을 당연하게 여긴다.

한 개의 도미노는 본인보다 1.5배 더 큰 것도 쉽게 넘어뜨릴 수 있다. 집중해 한 부분만 건드려도 무한한 파급효과를 불러오는 도미노의 기적처럼 우리의 에너지도 한 곳에 집중될 때 그것이 발휘하는 무한한 가능성이 수많은 성과로 이어질 수 있다.

선포하라

선포하는 것을 두려워하지 말라. 말로 허언이 아니라 장담을 해야 한다. 나 자신과의 약속이다. 책임을 지고 선포하고 장담하자. 선포를 두려워하면 움직이지 않게 된다. 담대하게, 과감하게 말로 선포하자. 그러면 내 안의 엄청난 잠재력이 일어난다. 에너지가 생긴다. 빠르게 집중할 수 있고 다른 것과 타협할 일이 적어진다.

목표를 성취하겠다고 결단하고 선포한 사람들은 압축되고 밀집된 노력으로 점프하는 인생을 산다. 성공은 경사진 길이 아니다. 급상승하는 계단 길이다. 새로운 차원으로, 새로운 국면으로 나를 밀어 넣어야 한다. 옳은 일이라면 올인해도 된다. 그 일이 수준 높고 떳떳한 일이라면 모든 것을 걸어도 된다. 그러기 위해서는 인생의 모든 것을 걸 만한 가치가 있는 일을 찾아야 한다.

개인의 욕심보다 대의를 위한 방향

개인의 욕심보다는 대의의 욕심, 공공의 이익을 우선시하는 마음이 중요하다. 마음 하나만 잘 먹어도 모든 것을 움직일 수 있다. 순수하고 선한 동기로 일하는 사람은 성장할 것이고, 개인의 사리사욕과 욕심으로 일하는 사람은 어려워질 수밖에 없다.

고민은 해결책을 주지 않는다. 미래를 향한 궁리는 새로운 것을 창조하듯이 자꾸 떠올리며 도전하고 싶은 마음이 들게 만든다. 반면 고민하면 핑계를 찾게 되고 부정적인 결과를 만들어 낸다. 고민할 시간에 그냥 움직이는 것이 문제해결에 훨씬 더 도움이 된다.

실력보다 인성이 중요하고 인성이 좋으면 사람들이 찾아든다. 어떻게 보면 실력보다 더 중요한 것은 인성이고 태도이다. 태도만 좋아도 오십 점은 따고 들어간다. 하지만 태도가 갑자기 좋아질 수는 없다. 평소에 좋은 습관과 좋은 생활이 태도를 형성한다. 한 방향에 집중하면서 좋은 태도와 습관을 가진 사람은 최고의 경쟁력을 갖춘 셈이다. 한 방향을 잡고 올바른 결정을 내리면 성공의 확률이 높고 봇물 터지듯 성과를 만들 수 있다. 그런데 중요한 것은 혼자 방향을 잡고 성장하는 것보다는 함께 같은 방향으로 성장을 하면 더 큰 성장을 만들 수 있다는 점이다. 세계 최고의 투자가 워런 버핏도 스승 벤저민 그레이엄을 만나고서야 가치투자의 신념을 확고히 세워 지금의 자리까지 올 수 있었다. 그 누구도 홀로 성공하기 어렵다, 결국은 주변의 영향으로 확장되고 전파되는 거다. 이처럼 중요한 방향을 잡고 끊임없이, 힘차게, 확신 있게 전진할 때 주변에서도 알아보고 함께 하는 일이 생기며 결국은 성공으로 이어지리라 생각한다.

성공이 숨쉬는 최적 환경
현장 문화

■ 《내 마음을 담은 집》을 출간한 서울대 건축학과 서현 교수는 "집은 감탄의 아우성보다 시의 언어로 채워야 하는 공간"이라는 말을 했다. 그는 어떤 집에는 기능적 조건을 넘어서는 가치가 있다고 했다. 몇 평에 방이 몇 개인지도 중요하지만, 집은 사는 사람이 돌아가고 싶은 마음이 드는 곳이어야 한다는 생각이다. 그리고 《건축, 음악처럼 듣고 미술처럼 보다》를 출간한 것을 비롯해 강연과 기고를 통해서 건축을 쉽게, 재미있게 전달하는 안내자 역할을 해 왔다. 그는 맞춤옷이 몸에 꼭 맞으면서 입는 사람의 분위기를 드러내듯 집도 마찬가지라며, 사람이 어떤 인생을 살고 싶은지 보여주는 게 집이라고 생각한다고 했다. 결국 건축은 벽돌과 콘크리트가 아닌 인간의 정신으로 이루어진다고 했고, 그 말에 공감이 되며 내공이 느껴진다.

당연히 설계하고 계획하는 데는 정신이 핵심 요소라고 생각한다. 현장에서 소중한 것은 현장 문화이다. 아무리 계획과 설계를 잘하였다 하여도 현장에서 잘 만들지 못하면 모든 것이 의미 없어진다. 따라서 현장에서의 문화는 건축의 성공과 실패를 구분 짓는 중요한 요소이다.

현장 문화 만들기의 중요 요소 세 가지

내가 중요하게 생각하는 세 가지 요소 중에 '3A'가 있다.

첫 번째, 실행(Action)이다.

아무리 우수한 계획을 했어도 실행하지 않으면 의미가 없다. 특히 요즘은 일하는 사람보다 지적하는 사람이 더 많아서 안타까운 생각이 든다. 일은 만들어 내는 것이고, 극복하는 것이며, 성과로 증명하는 것이다. 따라서 반드시 실행이 수반되어야 한다. 직장 생활을 하면서 말로만 지적하는 임원들, 팀장들을 볼 때마다 '현장 경험이 있었더라면 다른 시각을 가질 수 있었을 텐데' 싶어서 안타까움이 든다. 현장을 모르고 다르게 볼 줄 모르니 변수에 대한 개념이 확립되지 않은 관리자가 조직을 힘들게 한다.

현장은 공장이나 제조시설과는 전혀 다른 개념이다. 공장처럼 생각하면 큰 실수를 범할 수밖에 없다. 기본적으로 현장은 외부에 노출된 환경이며 각기 다른 여건의 장소에서 진행된다. 자동차나 세탁기, 컴퓨터처럼 완제품으로 조립·생산하는 시스템이 아니기 때문에 즉각적으로 문제해결력을 발휘하는 순발력 있는 문화가 가치를 창출한다. 그리고 부족한 것을 보완하면서 서로 협의와 공유, 협조하는 자세가 중요하다.

두 번째는 환경 (Atmosphere)이다.

대규모의 프로젝트를 만들어 가는 데 있어 환경은 무엇보다 중요하다. 먼저 파트너들에게 도전 의식을 가지도록 만들어야 한다. 업무를 보는데 생트집 잡는 지적보다는 격려하고 할 수 있다는 용기를 주는 환경, 그리고 편하게 일에만 집중할 수 있도록 배려하는 환경이 중요하다. 프로젝트 오픈 전에는 주야로 계속 일을 해야 하기에 힘든 시기에 그것을 이겨낼 수 있도록 미리 환경을 조성하는 것 또한 중요하다.

나는 힘든 시기를 대비해서 반년에 한 번은 현장 전 직원들과 저녁에 인디언캠프를 열었다. 야외에서 텐트를 치고 다 모여서 만찬과 음악가 등의 공연도 겸하며 각 팀별로 추진사항과 목표, 계획을 공유하는 시간을 가졌다. 또 발주처 직원들도 함께 참여하도록 해서 서로 간의 의견도 편하게 나누면서 즐겨운 가을밤을 보내는 행사를 하였고 직원들의 반응은 아주 좋았다. 이와 같은 이벤트를 통해 그들을 한마음으로 뭉칠 수 있고, 힘든 시기가 오면 그때의 에너지로 하나되어 이겨낼 단결력이 생겼다.

그 외에도 근로자들의 아이디어를 반영하고자 아이디어 함을 곳곳에 설치해서 좋은 의견을 반영했고 덕분에 현장 분위기도 훨씬 좋아졌다.

셋째는 태도(Attitude)이다.

태도가 모든 것이다. 나는 이 말에 깊이 공감한다. 태도만 좋아도 오십 퍼센트는 성공한 셈이다. 그런데 태도는 하루아침에 갑자기 좋아지지 않는다. 좋은 태도를 유지하기 위해서는 스스로 변화에 대한 노력을 해야 하고 그것이 모여서 다시 태도를 성숙시키는 선순환이 이루어진다.

좋은 외모도 중요하지만, 외모보다 더 중요한 것이 좋은 태도이다. 백화점에서 손님의 매출을 좌지우지하는 것은 간부 직원이나 백화점의 점장이 아니다. 고객과 직접 만나는 사원들의 말과 태도에 달려 있다.

현장도 마찬가지다. 많은 공종(工種)의 사람들이 와서 일하는데, 실무 담당자의 역할이 가장 중요하다. 그들이 근로자를 가족처럼 대하지 않고 무시하며 하청업체 일꾼으로 취급한다면, 그 현장은 절대로 고품질의 성과를 내기가 힘들다. 일은 근로자들이 하는 것이지 직원들이 직접 하지 않기 때문이다. 따라서 한 사람 직원의 칭찬과 따뜻한 배려가 결국에는 회사를 살리고 발전하는 데 큰 역할을 한다.

위와 같이 실행력과 좋은 환경, 좋은 태도를 유지하고 있는 개인은 성장하고 발전할 수밖에 없다.

아울러 리더는 긍휼한 마음을 가지고 있어야 한다.

현장에서 일하는 근로자에 대한 안쓰러운 마음, 안타까움을 가지고 그들이 안전하고 건강하게 일할 수 있는 분위기를 만들어주어야 한다. 이 긍휼한 마음이야말로 리더의 핵심 자질인 듯하다. 하지만 요즘은 그렇지 못한 것이 현실이다. 근로자를 무시하는 간부들은 그들의 현장에서 매출과 이익이 어떻게 나오는지 다시 한번 생각해 보기를 바라는 마음이다. 긍휼한 마음은 사람들에게 놀라운 방법으로 유익을 끼친다고 한다.

이렇듯 현장에는 그 현장만의 문화를 만들어야 한다. 그리고 나는 늘 좋은 문화를 만들려고 많은 노력을 했다. 기본적으로 현장에서 일하는 근로자들이 잘 되기를 바라는 마음, 협력사가 손실 없이 이익을 내고 성과를 만들기를 바라는 마음, 함께 일하는 직원들이 많이 배워서 좋은 위치로 가기를 바라는 마음 등이다. 이런 마음이 근로자들에게도 느껴져서 더 좋은 성과를 만드는 선순환의 구조가 내가 만들고 싶은 현장의 문화이며, 나는 그렇게 해왔고 성과도 내었다.

나는 후배 소장 또는 관리자들이 내가 한 것 같이 어디를 가든지 현장의 좋은 문화를 만들어서 모두가 잘 되는 선순환 구조를 만들어 가기를 바란다. 그것이 우리들이 해야 할 일이고 사명처럼 여겨왔다. 매뉴얼을 지켜가는 것도 중요하긴 하다. 하지만 매뉴얼대로 기계적으로만 일하기보다, 좋은 문화를 만들어서 매뉴얼과 시스템으로만으로 채울 수 없는 감동과 멋진 삶까지도 추구하는 자세를 당부하는 바이다.

세계적인 건축가라고 다 맞는 것은 아니다

■ 나는 운 좋은 사람이다. 다양한 프로젝트를 경험했고, 열정 넘치고 일할 수 있는 환경을 만들어준 회사에 대한 감사의 마음도 깊다.

대규모 프로젝트를 진행할 때는 세계적인 건축설계사와 함께 작업했고, 최고의 단독주택을 시공할 때는 최고 위치에 있는 건축가들에게 설계를 의뢰해 같이 수많은 회의를 하면서 프로젝트를 진행했다.

특히 대전의 사이언스 콤플렉스의 경우 국내 '해안 건축'을 주축으로 영국 베노이(benoy), 미국 콘 페더슨 폭스(KPF)가 협력해 기본 설계가 진행되었다. 베노이는 서울 IFC몰과 롯데월드몰, IFC몰 상하이의 설계를 담당하기도 하였으며, KPF의 경우 상하이 난징시루 플라자 66(2001년), 도쿄 롯폰기힐스(2003년), 타이베이 대륙건설타워(2003년) 등을 설계하는 등 화려한 이력을 자랑하는 국제적 설계사였다.

물론 전체 프로젝트를 관리하는 나의 입장에서 보면 해외 설계비가 아까운 부분이 분명히 있다. 하지만 기본적으로 세계적인 건축가들의 디자인 감각과 작품을 구상하는 능력은 우리가 배워야 할 부분이다.

그들은 초기 디자인에서 건축주들이 좋아할 수밖에 없는 감성적이고 직관적인 스토리를 디자인으로 표현한다. 그러다 보니 국내에도 우수한 건축디자이너들이 있지만, 아무래도 해외, 특히 유럽이나 미국에 있는 디자이너들을 선호하게 된다. 마치 명품과 비슷한 느낌의 설계를 내놓으니 돈 많은 건축주들은 세계적인 건축가를 귀빈처럼 대접하고 그 비싼 설계비용에도 돈을 아끼지 않게 되는 것이다.

이런 해외, 특히 영·미권 선호 현상은 자재에서도 마찬가지다. 건축에서 자연 석재는 아주 중요한 자재이다. 사실 지구상 어디든 자연에 널린 것이 자재이고, 품질도, 색깔도, 강도도, 내구성도 제각각이며, 건축자재로는 모두 사용 가능하다. 그런데 돈 많은 건축주들은 중국산 석재를 별로 좋아하지 않는다. 자재의 물성, 품질도 중요하지만, 왠지 그들만의 가치부여인지 자연 석재를 선정할 때 중국·인도에서 나오는 것보다 프랑스·이탈리아 등지의 자연 석재 단가가 훨씬 비싼데도 그것을 선택한다.

현장의 전문가는 그 지역 현장의 경험자들이다

한때 우리나라 최고의 주택이 비가 내리면 집에 비가 샌다는 말이 있었고, 그 말이 사실로 알고 있다. 그 이유는 세계적인 건축가 두 사람이 설계했는데, 워낙에 비싼 설계비이므로 건축주 측에서 설계대로만 시공하라고 현장에 지시했기 때문이란다. 그에 따라 열심히 일하는 건설기술자는 설계대로 시공한 결과, 비만 오면 그 집에 누수가 있어 관리인들이 고생한다고 하였다. 너무나 안타까운 일이다. 그 현장의 소장도 개인적으로는 대학의 선배이기도 하다.

솔직히 말해서 나도 세계적인 건축가의 설계대로 시공했다면 지금쯤 하자로 인해서 편하지는 않을 듯하다. 예를 들면, 백현동 집 같은 경우 골조 설계상 경량 철골조로 되어 있었는데, 나는 건축주에게 보고도 안 하고 철근콘크리트조로 변경해서 시공했다. 물론 이해가 되는 부분도 있다. 건축가가 살던 동네는 미국 캘리포니아주 샌디에이고 지역이다. 기본적으로 따뜻한 동네이기 때문에 한국의 사계절에 대한 개념이 부족했기에 비싼 설계비를 받고도 그렇게 설계했을 것이다.

한남동 프로젝트 설계사도 미국 북쪽에 있는 시애틀에 사무실이 있다. 다른 고급 주택도 마찬가지지만 지붕에서 내려오는 선 홈통을 외관상 미려하게 만들기 위해서 벽체 내부로 삽입해서 외부에서는 보이지 않게 설계했다. 이런 설계는 미국의 따뜻한 지방에서라면 문제가 없지만, 한국의 겨울에는 눈비가 내리면 선 홈통이 얼어서 부풀어 오르다가 터져서 누수가 발생한다.

그런 것에 대비해 디테일한 설계가 부족하고, 또 지붕 마감 재료인 아연도 얇은 철판으로 되어 있었다. 해외 설계대로 시공하면 우리나라처럼 황사가 심한 동네는 2년만 지나면 굴곡 처리한 부분에 바로 녹이 발생한다. 그래서 나는 현장 책임자로서 스테인리스 스틸 컬러 도금을 입혀서 지붕재로 사용하였다. 그 집은 아마 수십 년은 지붕에 하자가 없을 것으로 생각된다.

그뿐 아니라 대형프로젝트 해외설계사의 설계 디테일도 많이 수정과 보완을 하면서 만들어 갔다. 그런 것을 알기에 나는 개인적으로는 해외 설계비는 아깝게 생각하는 편이다. 그 금액으로 국내의 우수한 업체을 선정하면 우리 실정에 맞는 설계를 충분히 잘할 수 있다고 본다.

품질 향상을 위해서 다양한 생각을 하자

우리는 현장에서 고품질의 작품을 만들기 위해서 다양한 생각을 해야 한다.

한 번은 대규모 프로젝트의 해외 설계에서 캐노피 하부를 석재로 시공하도록 되어있었다. 물론 그렇게 시공하면 된다. 그리고 대부분의 현장 기술자들은 그렇게 시공한다. 도면에 있는 대로 한다. 하지만 그 물량 조달량이 엄청날 경우, 그리고 설치한 석재 구조물이 영구적으로 끝까지 천장에 붙어 있을 것이라는 보장이 없는 때가 있다. 현장 기술자로서 판단하기에는 건물의 하중이 무거워지고, 무엇보다 수십 년 이상 캐노피 하부 석재가 붙어 있어야 하는데, 약간의 충격 또는 예상치 않은 이유로 석재의 낙하가 발생할 경우 엄청난 재난으로 이어진다.

하루에 수만 명의 사람들이 다니는 시설에서 그러한 사고가 있어서는 절대 안 되기에 나는 다른 방법으로 아이디어를 내도록 현장 직원들에게 지시했다. 그 결과 국내에서는 적절한 소재를 찾지를 못해서 일본에서 석재와 거의 똑같은 모양을 낼 수 있는 패널을 만들어서 설치했다. 그리하여 물체가 가벼워서 낙하 위험이 없어지며 구조물의 하중도 줄이고 전체의 투자비도 많이 절감시켰다.

이런 것은 누가 시켜서 하는 것이 아니다. 지역의 랜드마크 건물로서 안전하게, 우수한 품질로 오랫동안 유지시키기 위해서 생각을 궁리하다 보면 나오는 아이디어다. 수만 명의 시민들이 매일 다니는 장소라도 대부분의 사람은 건물이 어떤 마감재로 시공되었는지 알지 못하며 그 특성이나 위험성도 알지 못한다. 이런 부분은 많은 건축주 또는 현장의 기술자들이 미리 알아서 배려해야 하고, 유연한 사고로 건축물을 건설해서 최고의 작품을 만들어야 한다. 그것이 현장 기술자의 가치를 극대화하는 삶이고 선한 영향력이다.

그 어느 직업군보다 후손들에게 미치는 시각적·공간적 영향이 큰 직종이 건축이다. 비록 한국 사회에서는 건축의 중요성에 대한 인식이 약하지만, 스스로 자부심과 사명감을 일하면 가치로운 인생이 될 수 있다고 생각한다.

끝으로, 제 아무리 세계적인 건축가라고 하더라도 그 지역의 전문가는 현지의 기술자임을 주지해야 할 것이다. 따라서 우리나라 건축가들도 자부심과 기술력으로 더욱 좋은 작품을 만들어서 선한 사회적 영향력을 극대화하도록 할 것을 당부하는 바이다.

비판만으로 바뀌는 건 아무것도 없다

■ 대기업 근무 경험에 비추어 볼 때 긍정적인 간부들보다 부정적인 간부들이 생각보다 많았다. 그리고 직급이 오를수록 이런 현상은 더욱 심해졌다. 마치 비판을 하면 자기가 뭔가를 고민한 듯한 모습을 회사의 CEO나 의사 결정자에게 보여준다고 생각하는지도 모르겠다. 그러면 전문지식이 부족한 CEO, 또는 의사 결정자는 그런 간부나 임원의 말에 귀를 기울이고 일을 열심히 하는 것으로 착각한다. 이게 현실이다.

임원회의 때 나는 직원들이 노력하는 내용, 좋은 아이디어 등을 함께 잘되기를 바라는 마음으로 업무상 공유했다. 물론 부족한 사항은 원인과 대책, 그리고 해결방안까지 고민해서 더 나은 방법을 모색했다. 하지만 부정적인 대부분 임원들은 현장의 문제점만 나열하여 보고한다. 대안은 없다. 본인이 안전을 맡고 있는 임원이라면 현 상황의 위험 요소와 해결책을 같이 고민하여 사고를 대비할 대안을 제시하고 관리해야 하는 것이 그 역할이 아닌가? 그냥 문제점만 나열하며 해결책을 고민해 제시하지 않는다면 얼마나 무책임한 태도인가? 정말 한심한 회의다.

비판이 아닌 긍정의 사고를

우리는 비판이 아닌 긍정의 사고로 살아야만 서로 발전하고, 공의롭게, 선하게 일을 도모할 수 있다. 이때의 긍정이라는 것은 무조건 좋게만 보는 태도가 아니다. 현실의 문제점을 파악해서 그것을 해결하는 능력이다. 따라서 긍정적인 사람은 고민하고 궁리해서 문제의 해결방안을 찾도록 노력하는 사람들이다.

평범한 사람의 생각과 태도는 평범한 사람을 만든다. 따라서 우리는 평소와는 다른 생각과 긍정적인 사고를 해야 폭넓고 유연하며 높은 단계로 도약하는 자신을 만들 수 있다. 일이 잘되고 파트너가 성장하며 업무가 술술 풀리려면 긍정의 마인드로 문제의 해결법을 모색하고 생각을 확장시켜야 한다.

일할 때는 긍정 이미지를 만들고 생각과 대화, 깊은 잠재의식, 행동 등 모든 부분을 긍정적으로 생각하고 바라보자.

기대 수준을 높이자

긍정적인 생각을 하게 되면 자연히 기대 수준도 올라간다. “기대한 만큼 이룬다”라는 말이 있다. 기대도 안 했는데 기대 이상의 결과를 만들 수는 없다. 따라서 긍정적인 생각을 품은 대로 인생은 그렇게 흘러 간다.

삶을 확장하려면 기대 수준을 높이자. 삶의 변화는 바로 생각의 변화로부터 출발한다. 무엇보다도 중요한 것이 성공하겠다는 마음가짐과 만들어 내겠다는 마음가짐이다. 기대하지 않으면서 좋은 일이 일어날 확률은 거의 없다. 기대하지 않으면 상황이 나아지지 않는다. 늘 긍정적으로 기대하면서 최선을 다하는 삶을 살 때 좋은 결과가 생긴다.

아울러 긍정적인 사람들과 만나며 가까이해야 긍정의 효과를 만들어 낼 수 있다. 목표와 계획을 비평적으로 만들기보다는 긍정적으로 만들어야 선순환 구조가 이루어진다.

위대한 생각은 위대한 미래를 만든다

우리의 삶은 생각의 크기에 달렸다. 따라서 높은 곳에 생각을 두어야 발전한다. 일하는 시간이나 쉬는 시간이나 항상 수준 높은 생각과 나보다 더 나은 미래를 그리면서 살아야 한다. 그러기 위해서는 긍정적인 마음 자세와 태도가 중요하다. 좋은 것을 보고 높은 곳을 향하는 것도 쉬운 일만은 아니다. 항상 결단해야 하고 스스로 노력해야 가능한 일이다.

심리학적으로 우리의 삶은 우리를 지배하고 있는 생각을 따라간다고 한다. 성공과 성장, 발전과 풍요, 비즈니스의 성공 등은 결국 본인의 생각에서 출발한다. 비판자들은 '우리는 절대 성공할 수 없어', '문제가 생길 거야', '절대 극복하기가 어려워'라고 포기하는 인생과 포기하는 조직을 만든다. 우리는 그들의 말에 신경 쓸 필요가 없다. 그런 생각은 삶을 실패자의 인생으로 이끌 뿐이다. 승리자로, 부자로, 자유로운 인생을 살기 위해서는 좋은 생각, 긍정적 생각의 자세가 중요하다. 좋은 씨앗을 뿌려야 좋은 열매를 맺을 수 있듯, 인생의 난관도 각자의 생각과 태도에 의해서 결과가 달라진다.

매순간 올바른 마음과 생각으로 판단하고 의사결정을 해야 한다. 자신감을 가지고 흔들림 없이 중심을 잡아야 한다. 이런 과정을 통해 신뢰가 쌓이면 일이 쉽게 풀리고 주변에서 인정하는 사람들이 생기기 마련이다. 혹시 누군가에게 상처를 받고 부당한 대우를 받았다 해도 빠르게 털어 버리고 용기를 내서 긍정의 마인드를 유지하자. 그것이 본인에게도 이로운 현상으로 되돌아온다. 일하면서 생기는 비난에 굴복하지 말고 원칙대로 묵묵히 최선을 다하면 좋은 결과를 만들 수 있다. 긍정의 자세, 긍정의 태도, 긍정 에너지의 소유자로서 멋진 삶을 살아가며 좋은 인생을 만들기를 바란다.

4장

시간노동자 생활로부터 졸업할 준비를 하자

리더는 귀찮은 일도 즐길 줄 알아야 한다

■ 일상이 바쁜 가운데서 새로운 통찰을 얻기 위해서 서점에 간다. 그런데 대부분의 자기계발서를 찾아서 읽어 보면 공통점으로 부지런히 살 것을 조언한다. 그러나 인생에서 그 말은 과연 정답일까?

나 역시 직장 생활을 오래 해 왔지만, 어떤 날은 아무것도 하기 싫을 때가 있다. 대부분 직장인들 역시 이런 경험이 있을 것이다. 그런데 아무것도 하기 싫은 '귀차니즘'과 '무기력증', 그리고 '번아웃'은 분명히 다르다. 이 셋을 구분해야 한다.

'귀차니즘'의 사전적 의미는 만사를 귀찮게 여기는 것이 습관화된 상태이다. 그렇다고 귀차니즘을 나는 나쁜 것, 피해야 하는 것이라고 생각하지는 않는다. 귀차니즘을 즐길 수 있는 삶의 지혜가 필요하다. 반면 '무기력증'과 '번아웃'은 그 원인을 알아야 하고, 안 뒤에는 이로부터 벗어나야 할 증상이다.

무기력증은 어떠한 일을 감당할 수 있는 기운이나 힘이 없는 상태이다. 심리학에서는 에너지는 있는데 쓰지를 못하는 상태라고 한다.

또 번아웃은 심리학자 김경일 교수의 말에 의하면 무언가를 할 수 있는 에너지가 조금도 남아 있지 않은 상태이며, 사전적 의미는 업무에 집중하던 사람이 극도의 스트레스로 인하여 정신적, 육체적으로 기력이 소진되어 무기력증, 우울증 등에 빠지고, 자기혐오, 직무 거부 등에 빠지는 현상을 말한다. 주로 작업환경에서 쌓이는 장기간 피로와 열정 상실 등으로 인해 발생하는 심리적 증상이다.

번아웃과 무기력에서 탈출하려면

번아웃의 원인과 해결책에 대해서 기술하면, 원인으로는 관리할 수 없는 직장 내의 부당한 대우, 혼란스러운 업무, 관리자의 소통 또는 지원 부족, 프로젝트 마감 압박 등이 주요 원인이다. 세계보건기구(WHO)는 2019년에 번아웃을 '제대로 관리 되지 않은 만성 직장 스트레스'로 규정했다. 질병은 아니지만 제대로 알고 관리해야 하는 증상 중 하나로 인정한 것이다.

어떤 이유에서든 스트레스를 받고 매사에 짜증이 나며, 의욕이 없고, 무기력, 두통 혹은 수면 장애에 시달리면 번아웃 증상으로 의심해 볼 수 있다. 특히 신체적 징후로는 피로, 잦은 두통,

근육통, 식욕 저하, 수면 장애 등이 있으며, 감정적 징후로는 무력감, 패배감, 외로움, 부정적인 전망, 성취감·만족도 저하 등이 있다. 또 행동 징후로는 책임 전가, 일 미루기, 잦은 지각, 결근 등의 증상을 들 수 있다.

번아웃을 극복하는 방법으로는 스트레스가 축적되지 않도록 회복 탄력성을 증진시키는 것이 중요하다. 실천 방법으로 일주일에 2~3회, 30분 이상의 규칙적으로 운동하며, 술, 담배 등을 피하고, 자주 웃는 습관을 기르고, 충분한 휴식 시간을 확보하는 습관을 갖는 것이 있다. 그리고 친구들과 좋은 만남을 갖고 과도한 업무 목표를 설정하지 않는 것이 도움이 된다.

무기력증도 마찬가지다. 무기력증의 증상을 호소하면 보통은 우울증으로 정의해 버리는 경향이 있다. 무기력증을 극복하기 위해서는 목표 달성 가시화, 즉 목표 달성을 숫자로 보여주어 동기부여 및 무기력화를 막는 방법이 있는데, 대표적인 예는 '칼로리 계단'을 들 수 있다. 칼로리 계단에는 한 계단을 오를 때마다 소모되는 칼로리가 적혀 있다. 지금 당장 움직이는 것이 도움이 된다. 가수 아이유도 무기력이 오는 것 같으면 당장 움직인다고 한다. 무기력증을 극복하기 위해서는 결과가 빨리 나오는 행동이 좋다고 한다.

아울러 조언자, 멘토가 있으면 큰 도움이 된다. 만약 누군가 진짜 문제를 파악해서 말해 줄 수 있는 사람이 있다면 무기력증을 극복하기가 쉬워질 것이다. 직장이나 조직 생활 중에 번아웃이나 무기력증이 있을 시 상사에게 도움을 구하고 해결 방법을 찾는 것도 적극적으로 도움이 되는 방법이다. 또한 리더 입장에서는 부하직원 또는 동료의 상황을 잘 파악하여 미리 예방하거나 적합한 방법을 찾아서 어려운 상태를 해결해 주어야 한다.

내가 경험한 사례를 들어보겠다. 인천 송도의 한옥 호텔 현장을 공사 중에 현장 점검차 방문했었다. 한옥 호텔로서는 규모가 큰 현장이고 또한 한옥의 특성상 현장에서 관리해야 할 사항들이 많았다. 나는 현장을 방문하면 먼저 직원들의 얼굴 표정부터 본다. 표정만 봐도 이 현장이 잘 진행되고 있는지, 문제가 있는지 알 수가 있다. 그날도 본사의 건축팀장을 데리고 현장을 순시하며 직원들과 대화를 나누는데, 김 차장의 표정이 영 좋지 않았다. 나는 이상한 것을 감지하고 팀장에게 "김 차장 표정이 안 좋은데 무슨 문제가 있나?"라고 질문을 했다. 그런데 팀장은 김 차장이 더 열심히 일을 해야 하는데 열정이 부족하다는 식으로 나에게 보고를 하였고, 그 현장 소장도 별일이 아닌 것처럼 여기고 있었다. 나는 송도에서 돌아오는 차 안에서 김 차장에게 전화를 걸어서 "김 차장, 힘들지? 요즘 어떻게 잘 지내나?" 등 위로의 말과 따뜻한 몇 마디를 하니까 김 차장은 지금의 상황이 너무나 힘들고 우울하며 나쁜 생각까지 할 정도에 달해 있음을 나에게 토로하고 별도로 그날 밤 간곡하게 문자로도 자신의 힘든 상황을 보내왔다. 그래서 김 차장을 다른 환경의 현장으로 배치하였다. 그러자 다른 현장에서는 다행스럽게 적응을 잘했고 승진도 해서 현장 소장으로 근무하고 있다. 만약에 그때 김 차장이 힘들어하는 그 시점에 팀장 또는 소장이 이해를 못 하고 계속 일만 독려했으면 김 차장은 퇴사를 했거나, 더 안 좋은 선택을 했을 것이다.

이렇듯이 리더는 직원들의 상태가 무기력증 또는 번아웃 상태인지 등을 볼 수 있는 따뜻하고 깊은 가슴이 있어야 하고, 기본적으로 긍휼의 마음을 가져야 한다. 그리고 그런 사람이 리더가 되어야 조직이 발전하고 성장할 거라 확신한다.

귀찮은 것을 즐겨라

귀차니즘의 대표적인 현상은 미루는 습관이다. 나도 조금은 미루는 습관이 있지만, 이제는 즉시 하려고 한다.

간혹 어떤 일이든 데드라인 직전, 남들이 생각하는 마지막 순간 정도까지 가서 일하는 습성을 지닌 사람이 있는데, 이는 자신은 물론 남들도 힘들게 하는 경우가 많다. 이런 습관은 때로는 질병처럼 느끼기도 한다. 본인은 진심으로 미루지 않기를 원하지만, 어느덧 데드라인이 다가와도 미루는 태도를 보이기도 한다. 귀찮니즘일 수도 있고, 그와 비슷한 게으르니즘일지도 모른다. 일정을 맞추어서 일하면 되는데 차일피일 계속 미루다가 일을 망치는 태도인 점에서는 별반 차이가 없다.

내가 생각하는 귀차니즘의 가장 큰 원인은 두려움이다. '왈렌다 효과'라는 개념이 있다. 왈렌다 효과(Wallenda effect)는 '실패에 대한 두려움과 심리적 압박감으로 인해 부정적인 결과를 미리 걱정하여 일에 몰두하지 못하다가 일을 그르치게 되는 심리 상태'를 말한다. 이는 미국의 유명한 공중 곡예사였던 칼 왈렌다(Karl Wallenda, 1905~1978)의 이름에서 유래한 용어이다. 그는 세계 최고의 고공 외줄타기 곡예사였다. 그는 공연 중 단 한 번의 실수도 한 적이 없었다. 하지만 은퇴를 앞둔 마지막 공연 중 37m 높이의 건물에서 추락해 사망하고 말았다. 오로지 성공으로만 이어진 그의 외줄타기 인생에서 가장 큰 근심거리는 바로 마지막 피날레를 장식하는 공연의 성공이었을 것이다. 실패에 대한 면역력이 없는 데에서 기인하는 두려움과 압박감 때문에 일을 그르치게 되는 심리 상태를 그의 이름을 따서 왈렌다 효과라 부르게 된 것이다.

두려우면 스트레스를 받고 이는 귀차니즘, 거부감, 번거로움, 짜증, 싫음 등으로 표출된다. 여기서 핵심 원인은 두려움에서 출발한다. 내가 생각하는 두려움을 극복하는 방법은 일단 부딪히고 보는 것이다. 두려움에 당당하게 맞서야 한다. 마음속 두려움으로 인해 심리적으로 위축되거나 회피하려는 자세는 오히려 불안을 더 키우는 결과를 초래할 수 있다. 불안과 공포에서 벗어나기 위해서는 숨지 말고 당당하게 드러내야 한다.

귀차니즘의 원인이 되는 두려움과 당당하게 맞서는 방법을 몇 가지 소개하면, 두려운 대상의 정보를 수집하고, 최악의 결과를 상상하며, 두려움에 정면으로 맞서고, 기본에 충실한 것이 무엇보다 중요하다. 그리고 너무 완벽하게 하려고 생각 안 해도 된다.

내가 그룹 회장님 최고급 단독주택 현장의 소장으로 발령이 났을 때 주변에서 걱정을 많이 해주었다, 왜냐하면 아무래도 VIP 보고도 자주 있고 신경 쓰이는 업무가 많기 때문이다. 공사의 규모도 일반적인 단독주택과는 비교가 안 되는 최상급의 자재와 고품질 사양들이라서 디테일하게 점검하고 관리하지 않으면 건축주인 그룹 오너의 눈 밖에 나서 승진은 물 건너가고 회사에서의 발전과 성장은 생각할 수가 없기 때문이다. 자칫하면 독이 든 성배가 되기 십상이었다. 그러나 나는 전혀 두려움이나 걱정은 하지 않았고, 오히려 귀찮고 디테일한 업무를 많이 함으로써 결국 나에게 많은 것을 알게 해주는 선물이 되었으며, 스스로를 성장시키는 큰 자산이 되었다. 그리고 최고의 가치 있는 집을 짓게 되어서 오히려 즐거운 기분으로 일할 수 있었다.

큰 조직이든 작은 조직이든 조직의 리더는 귀차니즘을 즐길 수 있는 사람이 되어야 한다. 귀찮은 것이 나에게 큰 기회가 되고 터닝 포인트가 되는 것은 분명한 사실이다. 따라서 그 무엇보다 삶에서 중요한 것은 귀찮은 것을 즐기는 능력이다.

성과를 만들고 인생을 바꾸는 초집중

■ 사람들이 골프를 좋아하는 이유 중의 하나는 타석에서 공을 치기 전 짧은 순간이지만 집중하면서 스트레스를 날리기 때문이다. 우리 인생에서 무엇인가에 집중한다는 것은 건강에도 좋을 뿐만 아니라 일이나 사업에서도 큰 도움이 된다.

나도 업무를 볼 때 의사결정을 하기 직전에는 초집중하는 습관이 있다. 그리고 의사결정을 하면 바로 일하도록 업무지시를 하고 독려하면서 성과를 만들어 낸다. 집중한다는 것은 해야 할 일에 몰입한다는 것이다. 이 일 외에 다른 것을 하지 않는다는 규칙을 지키기만 해도 집중력이 높아진다.

초집중을 하는 것과 평상시처럼 일하는 것과는 차이가 크다. 집중하면 심장의 박동부터가 빨라지고 머리 회전이 빨라진다. 피의 순환도 원활해진다. 그만큼의 에너지가 소모되지만 일상의 업무에서 반드시 필요한 요소이다.

초집중 잘하는 방법

《자신을 컨트롤 하는 초집중》(김선숙 역, 글로세움, 2020)의 저자이자 일본의 멘탈리스트인 다이고는 어렸을 때 학교 성적이 227명 중 224등이었다고 한다. 그는 자신이 남들보다 집중력이 없다고 자각한 순간 무턱대고 공부할 것이 아니라 심리학이나 뇌과학 서적을 통해 집중력을 키워나가는 방법을 배웠다.

그는 집중력이 높은 사람에게는 나타나는 공통적인 행동 원칙을 간파했다. 집중력을 키우는 2가지 접근법으로, 첫째, 훈련을 통해 의지력의 총량을 늘리고, 둘째, 일상의 행동이나 습관을 통해 의지력의 소모량을 줄이는 것을 제안하였다. 그는 이를 위한 구체적 방안으로 7가지를 제시했다.

첫째, 장소이다. 앉아 있기만 해도 집중되는 환경을 만들어라. 책상 주위와 작업 공간에서 집중력을 방해하는 것을 치워라. 거울을 책상 위에 놓으면 자기 인지력이 높아진다고 한다.

둘째, 자세이다. 하루에 몇 번 바른 자세를 생각하고 자세를 바로잡는 습관을 들이는 것은 피곤할 듯하지만, 가장 합리적으로 전신에 힘이 분산되어 혈류가 저해되지 않고 집중력을 지속할 수 있다고 말한다. 또한 사람은 15분 이상 앉아 있으면 인지능력과 집중력이 저하되어 작업 효율이 떨어지기 때문에 15분에 한 번씩 일어났다 앉으라고 한다.

셋째, 식사이다. 뇌는 포도당을 먹고 산다. '혈당 지수(GI)'가 낮은 식품과 간식이 집중력에 유리하다. 사과, 요구르트, 현미, 계란 흰자, 통밀빵, 치즈, 어류 등이다. 그리고 1~2시간에 물 한 컵씩을 마신다.

넷째, 감정이다. 몰두할 수 있는 대상에 대한 통제 감각이 있어야 한다. 기쁨은 창의력을 높이고 의사결정을 빠르게 한다.

다섯째, 습관이다. 일상을 습관화하면 집중하지 않고 일을 처리할 수 있다.

여섯째, 운동이다. 아침에 일어나서 20분 운동하기. 운동은 뇌의 리셋 버튼이며, 운동을 통해 뇌가 단련되어 피곤을 모르는 체질로 바뀐다고 한다.

일곱째, 명상이다. 호흡에 주목하고, 명상을 습관화하면 하루 동안 선순환이 생긴다.

이처럼 집중력을 높이는 7가지 방법을 실천하면 자연적으로 에너지 소모량도 줄어들면서 초집중이 잘되어 어떤 업무를 맡아도 피로가 덜하다. 또한 바른 자세를 취했을 때의 효과는 허리와 목의 통증이 감소하고, 긴장성 두통이 예방되며, 호흡이 개선되는 등의 긍정적인 효과로 이어진다. 바른 자세를 취해서 호흡하면 호흡 기능도 좋아진다. 어깨 통증도 자세와 많은 연관이 있는데, 바른 자세를 하면 어깨 관절의 가동 범위가 360°로 넓어져 어깨를 돌렸을 때와 구부정한 자세와의 차이를 크게 느낄 수 있다.

초집중에 도움 되는 걷기

나는 걷는 것을 좋아하는 편이다. 본사의 위치가 남산 옆에 있어서 점심을 먹고 난 후 항상 남산길을 30분 이상 걸었다. 걸으면 일단 마음이 상쾌하고, 몸이 평안해지는 것을 느끼며, 머리도 맑아진다. 현장에 근무할 때도 주변 동네나 야산 천변길 등을 하루에 한 번은 걷는 습관이 되어있다. 그리고 업무가 복잡하거나 일이 잘 안 풀릴 때 걸으면서 궁리하면 의외로 쉽게 해결되기도 한다.

동대구 복합환승센터에 처음 발령받았을 때도 복잡하고 힘들다고 소문 난 그 현장을 어떻게 해야 잘 만들어 갈 수 있을까 고민을 하던 중에 주말에 집에 와서 집 근처 양재천을 걸으면서 나의 뇌리를 스치는 것이 앞서 말한 PSTC 정신이었다. 덕분에 그 많은 근로자들과 직원들이 함께 큰 성과를 이루어 낼 수 있었다.

과학적으로 걷기의 효과는 실제로 증명되었다.

첫째, 정신적 건강에 도움이 된다. 스트레스 해소에 가장 효과적인 운동 중 하나가 걷기이다.

둘째, 신체적 건강에 이롭다. 체중 조절과 당뇨 예방, 심혈관 질환 예방, 근육량 유지와 기초 대사량 증가, 숙면과 식욕 조절에 도움이 된다고 한다.

머릿속이 많이 복잡하거나, 감정적으로 정리가 안 되는 경우 걸으면서 정리하면 의외로 쉽게 해결책을 찾는다. 아무 생각 없이 발길 닿는 대로 터벅터벅 걷는 것도 좋다. 한 걸음 한 걸음을 옮기면서 땅과 하늘의 소리와 바람의 기운을 느끼며 걷다 보면 마음의 정리가 되고 집중이 저절로 되어서 어려운 문제의 해결책을 의외로 쉽게 발견하기도 한다.

이렇듯 걷기는 누구나, 어디서나 할 수 있는 최고의 운동이다. 집중하기에 좋고 생각이 막히거나 일이 잘 안 풀릴 때, 한계에 봉착했을 때 답답하게 책상 위에만 앉아 있는 것보다는 걸으면서 문제를 해결하는 것이 좋은 방법이라 생각된다.

초집중으로 인한 피로회복 방법

초집중하다 보면 피로도 빨리 오고, 에너지가 빠르게 소진되는 것을 경험한다. 내가 업무로 지치고 피곤할 때 피로회복으로 가장 효과가 좋았던 방법은 충분한 수면이다. 물론 음식도 중요하고, 휴식도 중요하며, 건강기능식품으로 보충도 하고 있지만, 충분한 수면은 확실하게 보약을 먹은 것보다 더 좋은 효과가 있다. 푹 잠을 자고 난 후에는 몸이 가벼워지고 생각도 잘 나지만, 수면을 잘 취하지 못한 날에는 온종일 멍한 상태에서 업무를 보게 되며, 이런 경우 하루가 무척이나 힘들어진다.

그래서 나는 충분한 수면을 위해 여러 가지의 과학적인 요소들이 접목되어야 수면의 질이 좋아지는 것을 알아냈고, 그렇게 실천하고 있다. 먼저 잠을 자는 침실의 환경부터 말하면, 커튼은 암막 커튼으로 해서 빛을 완전히 차단하고, 침실을 적절한 온도로 맞추며, 시트와 이불, 베개는 자신에게 꼭 맞는 것으로 준비해야 한다. 특히 소음이 발생하지 않는 환경을 만들어야 한다. 잠자는 시간도 반드시 밤 12시 전에는 취침을 해야 깊은 잠을 잘 수가 있다.

그리고 나는 개인적으로 피로를 푸는 데 도움 되는 좋은 식품들을 먹고 있다. 비타민, 오메가3, 칼슘, 단백질과 식이섬유 등 질 좋은 유기농 건강식품을 꾸준히 섭취해 초집중 업무 수행 중에 조금이라도 피곤을 덜 느끼기 위해서 노력한다. 사람이 피곤하기 시작하면 얼굴 표정부터 안 좋아지기 때문에 상대방의 배려를 위해서라도 항상 활기차고 산뜻한 모습을 유지하는 것이 중요하다고 생각된다.

초집중으로 만들어 낸 사례

신세계에서 누구나 회피하는 힘든 프로젝트를 많이 수행했지만, 그중 유독 인상 깊은 두 가지 경험 중 첫 번째가 앞서 말한 천호 신세계 백화점을 이마트로 리뉴얼하는 공사였고, 두 번째는 광주 신세계와 이마트가 연결되는 복합 프로젝트의 125m 지하 연결통로 공사였다. 얼핏 쉽지 않은 프로젝트였지만, 강한 자석이 쇠를 끌어당기는 것처럼 초집중을 통한 강한 정신력으로 생각보다 일이 쉽게 해결되는 것을 경험하게 된다.

우리는 무엇을 하든지 온몸을 던지는 자세로 일해야 성과를 거둘 수 있다. 삶에 있어서 가장 중요한 자기 결정권은 집중을 통해서 얻을 수 있다. 가만히 있어도 흘러가는 시간 속에서 우리의 인생 목표를 세우고 초집중해서 성과를 만들며 성장과 발전을 이루는 것은 삶에 있어서 소중한 경험이다. 과연 성공한 사람 중에서 이와 같은 초집중의 경험을 하지 않은 사람이 있을까? 내 생각에는 거의 없을 것이다. 기도하는 간절한 마음으로 목표를 세우고 초집중할 때 더 좋은 결과가 도출되리라는 생각이 든다. 본인이 직장인이든, 사업이든, 공부하는 학생이든 초집중으로 영과 육이 더욱 건강해지기를 바라는 마음이다.

철부지 반항아에서 대기업 부사장까지

■ 지나온 60년을 되돌아보니 모든 것이 감사하다. 철부지 길남이가 성장해 온 과정에서 나에게 적게 또는 크게 영향을 주신 분들께 감사드린다. 나의 부모님은 1.4후퇴 때 자유를 찾아서 남쪽으로 피난을 오셨다. 나름 북쪽에서는 일찍 신식 교육을 받았고 재산도 많았다고 하셨다. 하지만 얼마나 자유가 중요했으면 삶의 모든 것들을 내려놓고 남쪽으로 피난을 왔을까. 일찍 개화하신 증조 외할머니는 우리나라에 최초로 기독교를 선교하신 언더우드 선교사에게서 세례를 받았다. 그러기에 더더욱 공산정권 치하에서 기독교인들은 박해를 받고 목숨의 위험까지 느끼게 되는 상황을 견딜 수 없으셨을 것이다.

덕분에 형과 나 두 형제 모두 남쪽의 부산과 대구에서 태어났다. 풍요롭지는 않았지만 따뜻하신 부모님의 사랑과 기독교 가정의 문화에서 성장했다. 외할아버지는 남쪽으로 내려오신 이후 대구에 은천교회를 개척하셨다. '은혜 은(恩)'자에 '샘 천(泉)'자이다. 은혜의 샘이 넘치는 교회라는 뜻이다. 어릴 때 기억에 부흥회 할 때 강사 목사가 교회 이름이 좋다고 말하면 외할아버지께서 집에 오셔서 흐뭇해하시던 표정을 가끔 보았다.

하지만 아버지께서는 여전히 머지않아 통일되면 고향 집에 가서 잘살 수 있다고 믿으면서 가족들의 부양에 약간은 소극적이셨다. 그러다 보니 어머니께서 두 아들의 학비를 대며 생활을 꾸려가기 위해 고생을 많이 하셨다. 사춘기에 접어들자 나는 사회의 구조가 평등하지 않다는 것과 가난을 몸소 체험하면서 세상과 사회를 보는 시각이 비판적으로 변하게 되었다. 새마을 운동 당시 도로변의 가옥들은 지붕을 새 자재로 덮어서 깨끗하게 단장했는데, 막상 한두 집 건너 도로에서 잘 보이지 않는 집들은 지붕개선사업에서 해당이 안 되어 혜택을 못 받았다. 이처럼 겉치레 행정 등이 어린 나의 눈에는 보였고, 중학교 때에는 도덕 시간에 나의 날카로운 질문으로 선생님께서 난감해하셨다는 것을 들었다. 그러다가 앞서 말한 바와 같이 뒤늦게 철이 들어 공부에 매진했고, 당시 가장 인기 있던 전공인 건축과에 입학할 수 있었다.

대학 진학 후에도 가난한 가정의 대학생이니만큼 불확실한 미래 속에서도 꿈을 키우면서 공부하였고, 2학년을 마치고 군 복무를 끝낸 후 복학과 함께 도서관 생활은 계속되었다. 그 결과 다행스럽게 중등교사 자격증과 건축기사 자격을 취득할 수 있었다.

선한 리더십, 땀과 열정은 배신하지 않는다

나는 처음에는 졸업 후 교사 생활을 하다가 대학원에 진학해 교수가 되려고 생각했었다. 하지만 그 꿈을 접고 건설회사에 입사하게 되었다. 기아 자동차 계열사 ㈜기산에 입사해서 아산만에 있는 기아 자동차 공장을 견학했을 때 내 눈에 각인된 것은 백만 평 이상 되는 부지에 자동차 공장을 건설하느라 밤낮없이 열심히 일하는 관리자 선배들과 근로자들이었다. 그들이 바로 나라를 발전시키는 주역들이었다.

이후 첫 현장으로 대구에 발령을 받았다. 신입 사원으로서 정말 열심히 일했다. 한 개 현장을 마치고 이전의 소장이 임원으로 승진해서 본사로 올라가면서 새로 부임하신 강진구 현장 소장을 만났다. 강 소장은 기본적으로 선한 리더십의 소유자였다. 직원들을 믿어주고 응원해 주는 스타일이었다.

건축 담당인 나를 중심으로 대구 현장의 직원들은 열심히 일하였고, 현장에서 직접 많은 공사를 수주하였다. 삼익 세라믹 현장, 대구예술 대학 현장, 삼립산업 현장 등 현장에서 직접 수주해서 공사를 추진하였다. 회사에서도 대구 현장의 조직인력을 대단한 팀의 현장으로 인식하게 되었다.

그 당시 청구, 우방, 화성건설, 보성건설, 동서주택 등 대구의 잘 나가는 회사들과 수주 경쟁해서 당당하게 계약하였다. 만약에 본사의 견적팀에서 견적해서 공사비를 집계하면 간접비 등 약 7% 정도는 더 높게 공사비가 나왔을 텐데, 현장에서 나를 중심으로 협력사를 직접 불러서 내역을 만들고 입찰하니까 대구지역의 건설사보다 더 경쟁력 있는 공사비를 도출할 수 있었고 수주까지 이루어졌다. 리더가 구축하는 조직의 문화가 조직 내 분위기와 구성원의 능력 발휘에 얼마나 큰 영향력을 끼치는지 몸소 경험할 수 있는 기회였다.

이런 경험에 바탕하여 나 역시 직원들과 근로자들에게 선한 리더십으로 좋은 문화를 구축하였고, 덕분에 나와 조직의 능력을 극대화하는 동시에 회사에서도 좋은 자리에까지 오를 수 있었다. 아울러 후배들이 지금도 나를 좋게 평가해 주는 것에 대해서 감사한 마음이 앞선다. 또 전국 곳곳에 나의 땀과 열정이 투입되어 건설된 멋진 작품들을 볼 때 새삼 남다른 감회를 느낀다.

얼마 전 판사 출신으로 변호사 개업을 한 지인을 만나서 차 한잔 나누는데, 전국 각지에 대형의 작품을 만든 내가 부럽다는 말을 들었다. 대구, 대전, 광주, 서울 등 전국 각지에 나의 땀과 열정이 들어간 대형 건축물들이 있고, 그 속에서 많은 사람들이 생활하고 있는 것을 볼 때 건축을 잘했다는 생각이 든다. 무엇보다도 더 감사한 것은 부족한 나를 늘 따뜻하게 응원해 준 가족이다. 전국으로 현장 발령에 따라 수많은 이사와 불편함을 견디면서 지금까지 살아온 것에 대해서 더욱 고마운 마음이다.

위기와 두려움에 맞설 추진력을 키워라

■ 살아가면서 우리는 생각보다 많은 위기와 두려움에 직면하게 된다. 특히 직장 생활을 하면 매번 발생하는 프로젝트마다 위기와 두려움으로 출발하는 경우가 많다. 어떻게 보면 위기와 두려움은 늘 공존하면서 살아가고 발전하는 듯하다. 우리 각자는 스스로를 온전히 통제하지 못하는 존재다. 그렇기에 완벽을 추구하는 현 사회에 부딪혀 괴로워하고 힘들어하면서 살아간다. 따라서 새로운 상황이 촉발하는 위기와 이를 극복할 수 있을지에 대한 두려움은 늘 피할 수 없는 운명적 그림자 같은 존재이다.

직장에서는 승진에 대한 두려움, 프로젝트 수행에 대한 두려움, 상사에 대한 두려움을 비롯해 퇴사와 구조조정에 대한 위기와 두려움을 늘 가지고 있고, 사회적으로는 경제의 불확실성에 대한 두려움, 특히 최근에는 코로나로 인한 위기, 세계적인 경제

불황에 대한 두려움 등이 있다. 가정에서는 노후 생활에 대한 두려움, 건강에 대한 두려움, 자식들의 성장 과정에서 직면하는 여러 가지의 위기들이 존재한다. 이렇듯 우리의 생활과는 떨어질 수 없는 현실적인 일들이 늘 위기와 두려움의 형태로 상존하는 가운데에서도 우리는 여전히 미래를 향해 나아가야 하는 처지이다.

위기 앞에서 더욱 자신감으로 나아가자

직장 생활을 하든, 사업을 하든, 무엇을 하든지 위기의 순간은 누구에게나 온다. 생각지도 않은 위기의 순간이 오면 대부분 사람들은 마음과 몸이 위축되고 힘들어지며 아무 생각도 나지 않는 것이 보통이다. 그리고 힘들어 한다. 나도 힘들고 어려운 프로젝트를 많이 하였지만, 그때마다 나 자신을 다잡으면서 느낀 것은 '위기가 도래할수록 무엇보다 당당한 자신감을 가져야 한다'는 사실이었다.

누구나 자신에게 위기가 오지 않기를 바라는 마음을 가지고 있다. 하지만 위기를 피하고 싶다는 마음만으로 위기가 사라지지는 않는다. 위기를 해결하는 방법은 스스로 상황을 분석해서 문제에 부딪치며 돌파구를 찾는 것뿐이다. 그러다 보면 실마리가 풀리고 해결되는 경우가 많았다. 자신에게 찾아온 위기를 없앨 수 있으면 가장 좋겠지만, 그렇지 못하면 받아들이고 위기를 극복하며, 해결하겠다는 자세가 그 무엇보다 중요하다.

서울 월계 이마트 신축공사의 현장소장을 할 때의 일이다. 현장 대지면적이 23,000여 평인데 주변에 모두 서민 아파트로 둘려져 있었다. 그리고 교회와 시내버스 정류장 시설, 시내버스 회사 사무실이 있었다. 당초의 부지가 시멘트 공장 부지라서 철거공사를 할 때부터 민원이 심했다. 민원인들이 수십 명씩 찾아와서 현장을 힘들게 하였고, 민원인들 중에서 리더되는 사람들끼리 다툼이 생기기도 했다. 이유는 현장소장과 협상할 대표자를 저마다 자기가 하겠다는 것이었다. 그러다가 한 사람이 화가 나서 시너가 들어있는 통을 회의실에 뿌리고 난동을 부렸다. 그리고 그 사람은 서울 구치소에 수감되었다. 자기들끼리 잘해보려다가 분위기가 격해져 오히려 큰 사고가 된 것이다. 나는 생전 처음으로 구치소로 면회 가서 그분을 위로하고 영치금도 넣어주었다. 그 일이 있고 난 후, 그 사람은 구치소에서 나온 다음 현장소장인 나와 인간적으로도 좋은 관계를 유지할 수 있었다. 게다가 추후에도 주변 교회의 다양한 민원과 시내버스회사의 민원 등이 많이 있었지만 잘 해결되었다.

동대구역 복합 환승센터 신축공사 초기에도 모 신문사의 기자가 계속해서 악성 뉴스를 신문에 재개하여 골치를 썩였다. “초기에 인허가 과정에 비리가 있는 것으로 추정된다”라고 하면서 여기저기 관계부서의 공무원들을 찾아다니면서 추측에 의존한 부정적인 질문을 하여 그들을 힘들게 하고, 신문에도 계속 보도하는 동시에 공무원들이 피곤할 정도로 취재를 하고 괴롭힘을 이어갔다.

물론 나는 현장소장으로서 초기의 인허가 과정을 알지도 못하고, 알 필요도 없었지만, 그래도 내가 책임자로 있는 현장의 부정적인 기사를 계속 보도하면 좋을 리가 없다는 판단하에 그 기자를 만나서 차도 마시면서 상황을 설명하고 미팅도 계속했다. 하지만 해당 기자는 오히려 자기주장만 하면서 다음에는 이런저런 기사가 특집으로 보도될 것이라며 현장과 여러 사람을 압박하였다.

요즘 시대에는 이름도 다 알 수 없는 언론사가 아날로그 매체부터 디지털 매체에 이르기까지 다양하게 걸쳐져 있고, 그중에 누가 정론을 추구하는 언론사이며 기자인지도 일반인들 입장에서는 이루 다 알 수 없는 상황이다. 그 가운데 내가 만난 환경단체나 노조의 간부들, 혹은 찌라시 수준의 기사를 쓰는 일부 기자들은 대개 그들 업(業)의 본질인 '정론(正論)'을 세우기보다는 개인의 욕심으로 일을 하고 있었다. 광고나 환경행사 등의 스폰서 요청, 노조들의 일방적인 주장과 요구 행위는 산업 현장에서 사라져야 할 큰 숙제이다. 결국 그 기자도 나와 만나서 서로 식사하며 대화를 나누다 보니까 중학교 몇 년 후배여서 나에게 선배님이라고 부르면서 서로 가까워졌고, 문제를 해결할 수 있었다.

이렇듯 큰일이든 작은 일이든 항상 위기는 다가온다. 이럴 때 더 당당하게 맞서면서 원칙을 지키면 잘 해결해 나갈 수 있다.

위기와 두려움을 기회로

삼성의 고(故) 이건희 회장은 삼성의 10년 후 먹거리에 늘 관심이 많았다. 현재의 삼성이 지금과 같은 글로벌 기업으로 발돋움하는 데에는 아마도 해마다 위기를 거론하며 미래를 대비하는 지속적인 노력과 통찰에 기반한 가치투자가 있었기 때문일 것이다.

나도 개인적으로 직장에 다니면서 늘 10년 후 내 삶의 미래에 대한 위기의식과 두려운 마음이 있었다. 그리고 내 삶에 가치투자를 하였다. 직장 생활을 하면서 기술사 공부를 하였고, 약 5년 동안 퇴근 후 밤에 도서관에 가서 열심히 공부하여 세 개의 기술사 자격증을 취득하였다. 또 야간에 대학원도 다니면서 석사를 취득하였다. 이처럼 미래의 나은 삶을 위해서 집중적이며 연속적으로 목표를 가지고 자신감 있게 하루하루를 보내면서도 한편으로는 늘 두려움이 나의 내면에 있었다. 그래도 이를 이겨내고 꾸준하게 도전한 결과 좋은 성과를 만든 것이다.

보통 힘들고 어렵고 힘든 일을 할 때 위기와 두려움을 느낀다. 반대로 그 일을 잘 마무리하고 성과를 내면 오히려 더 큰 기회가 온다. "위기의 시대, 난세에 영웅이 나온다"는 말이 있듯이 위기를 잘 극복하면 기회가 되어서 좋은 경험을 만들고 한 단계 올라가는 것이다.

세상만사가 그냥 되는 것은 없다. 그만큼 노력과 열정으로 살아온 사람들은 늘 위기와 두려움 안에서 나름의 긍정의 에너지로 힘든 위기의 순간들을 오히려 기회로 만든다. 그렇게 위기를 극복한 후 세상에 선한 영향력을 퍼뜨리며 멋지게 살아가는 분들이 부럽기 그지없다. 그리고 우리도 인생을 살면서 힘든 시기와 위기의 순간들이 도래할 때, 이를 자신감으로 당당히 이겨냄으로써 멋진 삶을 살 수 있으리라 확신하는 바이다.

직장인도 퍼스널 브랜딩이 필수인 시대이다

■ 평생직장이란 말이 사라진 지 오래다. 보통 기업은 50대 중후반에 퇴직하는 게 요즘의 사회적 분위기다. 물론 60세 정년을 보장하는 공사 등도 있지만, 그 혜택을 받는 사람은 소수에 불과하다. 그러면서 모두가 오래 사는 장수 시대가 도래했다. 장수의 시대가 좋은 점도 있지만, 후반기 인생의 준비가 안 된 사람들에게는 비극적인 삶을 예고한다. 100세 시대를 맞이해 60세에 퇴직하면 후반기 40년간을 잘 살아가기란 쉬운 일이 아니다. 더구나 후반기 인생에서 노년이 되면서 육체의 질병도 발생하고 몸도 쇠약해지면 의료비 지출이 늘어나는데, 그에 대한 대비가 되어있는 직장인은 소수에 불과하다. 따라서 명함이 있을 때 무엇인가를 차분하게 미리 준비해야 한다.

하지만 실질적으로 이렇게 준비하는 사람은 적고, 중반기 이후의 삶은 어려움이 예상된다. 그러므로 가까운 미래에 다가올 어려움을 피하려면 개인 스스로 퍼스널 브랜딩 역량을 키우는 방법을 생각해야 한다. 내가 잘하고, 앞으로도 계속 잘할 수 있는 것을 찾아서 나만의 가치를 만드는 일이 중요하고, 그것을 중반기 이후의 삶에 도움이 되는 일로 삼아 생활을 풍요롭고 윤택하게 하는 것이 중요하다.

유연하게 대처하자

지금은 예전처럼 젊은이들이 직장에서 모든 것을 걸고 본인의 천직인 것처럼 일하는 시대가 아니다. 하긴 더 열심히 일하고 싶어도 주52시간 이상 사무실에서 일을 못 하도록 법으로 되어있어서 그런 풍경을 볼 수가 없다. 그리고 요즘은 순수 월급으로는 답이 없는 시대다. 퇴근 후 알바를 뛰는 'N잡러'들이 많다. 코로나19와 물가 상승 등으로 소득수준이 악화하면서 장년층을 중심으로 투잡족이 많이 늘어났다고 한다.

특히 40대와 50대의 구직자가 급증했으며, 취업포털사이트 알바천국과 한국경제신문의 2022년 3월 분석에 의하면 2019년 대비 2021년의 알바 지원자 증가는 40대에서 27.7%, 50대에서 64.4%, 60대에서 85.7% 급증한 것으로 나타났다. 이제는 알바 시장도 경제적 상황이 반영되어서 20대의 전유물에 그치지 않고 어느 정도 고령화가 진행됐음을 알 수 있는 지표이다. 시간대별로 분석한 것을 보면 주말 내내나 오전, 오후 등 틈나는 시간

대를 이용한다는 응답이 34.6%로 가장 높았고, 평일 저녁 등 퇴근 후에 한다는 응답이 22.4%, 출근 전에 한다는 응답도 10.2%에 달했다. 대부분 직장인이 근로소득만으로는 생활하기가 힘든 시대이다.

일본의 경우 겸업이 허용되기 때문에 연봉이 높을수록 이중 취업 비율이 높은 것으로 나타났다. 우리나라도 제도적으로 겸업이 허용되는 시대가 온다면 부장이나 임원급의 직장인들이 수많은 경험과 높은 스킬을 이용하여 이중 취업에 활용할 것으로 생각된다.

하지만 이렇듯 모두가 열심히 생활하고 투잡, 쓰리잡을 한다고 풍요롭고 여유로운 삶을 사는 것은 아니다. 게다가 직장에서 정년의 시기는 사회 전반적으로 짧아지고 있다. 미리미리 미래를 준비하지 않으면 힘든 시기는 반드시 올 수밖에 없다.

내 삶을 프로답게 변화시키자

중소기업에 다니든 대기업에 다니든 직장 생활하면서 대부분은 아마추어로 일을 한다. 프로답게 일하는 후배들을 보면 너무나 대견스럽고, 내일의 발전과 성장이 기대된다.

직장에서 함께 근무한 영업팀 김 팀장의 사례를 보면, 그는 영업팀의 담당 대리 때부터 외주 영업을 하면서 두각을 나타내었다. 기사 시절에는 현장에서 근무하다가 영업팀으로 갔는데, 젊은 친구가 유연한 사고로 잘 대처하면서 프로젝트를 수주하였다. 그리고 그룹 프로젝트보다 훨씬 더 많은 이익이 나오도록 관리하였으며, 발주처와의 대인관계도 잘 수행하였다. 그로 인해 그는 영업 팀장이 되었고 많은 외부 프로젝트를 수주함은 물론 지금의 '빌리브'라는 신세계 건설의 주거 브랜드가 탄생하는 데에도 무시할 수 없는 성과를 보였다. 김 팀장은 얼마 전 개인사업을 하기 위해서 퇴사를 하고 청담동에 사무실을 차려서 공동주택 시행사업을 착실하게 잘 만들어 가고 있는데, 미래가 더욱 기대되는 인재이다.

이렇듯이 직장 생활을 하면서 내가 가지고 있는 전문지식을 키우고 일관성 있게 자신의 브랜드로 가꾸다 보면 퍼스널 브랜딩을 할 수 있는 기회가 오고, 독자적인 전문가로서의 역할을 할 수 있으리라는 생각이 든다. 내가 잘하고 좋아하는 일을 통해 이웃에게 선한 영향력을 발휘하면서 자신의 브랜딩이 되도록 노력해보자. 그리하여 직장 생활을 마치고도 그 업이 나의 파이프라인이 되어 소득으로 이어지거나 사업이 되고, 좋은 일로 성장할 수 있도록 만들 필요가 있다.

또 한 사람을 소개하면, 잘 나가던 대기업 임원었다가 지금은 스타트업으로, 패셔니스타로도 유명한 LG패션 상하이 법인장 출신 지성언 ㈜차이나다 대표이다. 2012년, 갑자기 서울 본사에서 불러 들어가니 그동안 수고하셨다는 말을 듣고 30여 년 LG맨 인생의 종지부를 찍었다고 한다.

그러면 지성언 대표는 10년이 지난 지금은 무엇을 하고 있을까? 낮에는 산에 오르고 밤에는 TV 리모컨을 손에 쥐고 있을까? 그렇지 않다. 그는 중국어 교육 스타트업 '차이나다'의 공동 대표이다. 대학과 기업으로부터 중국 관련 강연 요청도 종종 받는다. LG상사와 LG패션의 중국 주재원으로 근무한 경력이 이런 일들의 밑바탕이 됐다. 그리고 인스타그램의 팔로우가 수천 명이나 된다.

주로 매일 아침 입고 나온 옷을 촬영한 데일리룩을 인스타그램에 올린다. '위워크' 을지로점에선 이미 패셔니스타로 유명하면서 《그레이트 그레이》라는 책의 저자로서 인생 중반기에 멋진 삶을 살고 있다. 시니어 모델, 시니어 인플루언서로 늘 멋지게 사시는 모습이 많은 사람들에게 영향을 주면서 '직장인이 아닌 사회인으로 살자', '나를 재정의하고 나를 위한 삶을 살자', '시대의 변화에 따라 스스로를 메이킹하자', '힙하고 멋지게 살아가는 시니어가 되자' 등의 캐치프레이즈를 실천하여 영화 '인턴'의 현실판이라 불리는 지성언 대표가 많은 시니어들에게 메시지를 전하고 있다.

실제로 나이 들수록 사람은 두 종류로 갈라진다고 한다. 추해지는 사람과 매력적인 사람. 나이 들면서 매력적인 사람이 되기 위해선 외모, 즉 얼굴, 옷맵시, 청결, 건강, 풍기는 아우라 등이 중요하단다. 또 건강하면서 체중을 유지하는 비결로는 하루 중 아침을 가장 잘 챙겨먹는 습관이라고 한다. 그는 멋지게 나이 드는 방법으로 "무엇이든 나누는 어른이 돼라", "옷이나 액세서리

등에 좀 더 신경을 써서 나를 포장하라", "무엇이든 나누는 어른이 돼라"라고 조언한다.

이처럼 성장하기 위해서 내가 나름대로 하는 것은 하루 30분 이상의 꾸준한 독서와 성공자들의 강연 등 듣기, 그리고 유튜브 등 다양한 방법으로 성공자들의 생활 습관이나 루틴 등을 학습하는 것이다. 누구나 마음만 먹으면 가능한 일이고, 지금 즉시 할 수 있는 일이다. 그러니 우리는 모두 평생 현역으로 살 수 있는 퍼스널 브랜딩을 만들어서 더 나은 삶을 살아가기를 바라는 마음이다.

퍼스널 브랜딩을 통해 평생 현역으로 살기

우리는 퍼스널 브랜딩으로 어떻게 경제적 자유를 얻고 돈 걱정 없이 살기 위한 준비를 할 수 있을까?

땅속의 것이 땅 위의 것을 만들어 내고, 보이지 않는 것이 보이는 것을 지배한다. 마찬가지로 눈에 보이지 않는 좋은 경험을 눈에 보이는 자산으로 만들어야 한다. 장수 시대에 접어듦에 따라 퍼스널 브랜딩이 없이 그냥 후반기의 인생을 살기에는 현대인의 노후가 너무나 긴 고통의 시간이 되어 가고 있다. 경제적으로 어려워지고, 육체적으로 힘들어지는 후반기 인생을 건강하게, 자유롭게 살기 위해서는 직장 생활을 할 때부터 프로의 직업정신과 개인 마인드로 전문성과 리더십을 꾸준하게 발휘할 수 있도록 스스로를 관리하고 배우면서 살아야 한다.

《트래블 그레이》의 한경표 저자는 공군 장교로서 30년이 넘는 시간을 보냈다. 평생 군인으로 살다가 예편 후 여행이 주는 행복감에 도취된 그는 현재 시니어 여행가로 제2의 인생을 살아가는 중이다. 세계를 여행하면서 자유여행을 직접 기획, 실행하고 있다. 현재 글로벌 세계문화여행 지도사 1급, 세계문화여행 강사 등으로 왕성하게 활약을 하면서 시니어들을 새로운 삶의 활력을 찾을 수 있는 여행의 길로 안내하고 있다.

또 한 여성을 소개하면 밀라논나로 유명한 장명숙 무대의상 디자인 교수이다. 그녀의 유튜브 방송은 94만 구독자를 보유하고 있으며 시니어들의 패션과 진정한 삶의 의미들을 차분하게 공유하면서 많은 사람들에게 영감을 주는 멋진 시니어로서 삶을 살고 있다.

이렇듯 직장이나 어디에서든 본인이 하는 일에 전문성을 더 키우고 그것을 퍼스널 브랜딩으로 확장하여 일관성 있게 커리어를 만들어 가면 평생 현역으로서의 멋진 삶을 살 수 있으리라 확신한다.

직장에 충실하면서도
또 다른 미래를 준비하자

■ 코로나19로 인해 촉발된 기업 환경의 변화에 따라 재택근무, 하이브리드 근무 등 다양한 근무 형태가 생겨났고, 능력만 있다면 누구나 시간과 돈, 공간으로부터 자유로운 워라밸을 꿈꾸며 직장 생활을 영위할 수 있는 시대가 성큼 다가왔다.

하지만 현실은 아직도 대부분 사람이 그렇지 못하다. 상황에 안주하거나 자포자기하고 하루하루 살아가는 것이 직장인들의 현실이다. 공무원이든 공사에 다니든, 대기업 또는 중소기업에 다니든 모두 마찬가지다. 노동 소득으로 직장 생활을 하다가 준비가 부족한 상태에서 퇴사하기 때문에 중반기 이후의 삶이 힘들어진다.

제2의 인생인 후반전을 미리 준비하지 않으면 뼈 빠지게 일만 하다가 퇴사 후 정말 힘들어지고, 거기에 몸까지 아프거나 불편하면 더 말할 것도 없이 피곤해진다. 그렇다고 그들이 열심히 안 살아온 것도 아니다. 열심히 산다고 해서 인생이 반드시 나아지지는 않는다. 30년 넘게 열심히 직장에서 일을 했지만 퇴직과 더불어 월급을 못 받는 시점이 됨에 따라 많이 힘들어하는 선배들을 보았다. 다음을 미리 준비해야 한다. 열심히 산다고 잘 사는 것이 아니라 다르게 살아야 인생이 달라진다는 것을 알았다.

나는 그 사실을 일찍 깨닫게 된 것을 정말 감사하게 생각한다. 내가 사회에 진출하던 초기는 우리나라의 경제성장기와 맞물려 있어 모두가 열심히 일하였고, 일한 만큼의 보람과 성취도 있었다. 하지만 1997년에 IMF를 경험하면서 많은 직장인들이 회사에서 구조조정을 당하고, 회사가 부도나면서 직장이 본인의 삶을 전적으로 보장해 주지 않는다는 것을 깨달았다. 게다가 IMF 금융위기 이후부터는 직장의 분위기에도 많은 변화가 생겼다. 그러다 보니 요즘 시대에 다행히 나처럼 임원 생활을 10년 넘게 했다고 하면 정말 성공한 직장인이라 할 수 있다.

하지만 현실은 성공한 직장인치고 부자가 아니다. 물론 부자의 개념을 객관적으로는 말하기가 쉽지는 않다. 내가 생각하는 부자는 돈과 시간, 공간의 활동이 자유로운 상태의 인간을 말한다.

보통 사람에게 여유가 있다는 것은 돈이 많으면서 시간이 없는 경우, 돈은 없어도 시간이 많은 경우로 구분될 것이다. 물론 이들 둘 다 부자라고 볼 수는 없다. 내 경우에도 돈은 좀 모았지만, 그렇다고 시간과 공간이 자유로운 편은 아니다. 따라서 나를 비롯해 사람들이 시간과 공간, 돈으로부터 자유로운 삶을 살게 되기를 바라는 마음이다.

이를 위해 우리는 시간이 지날수록 가치가 더 올라가는 일에 돈과 마음을 써야 한다. 시간과 돈을 바꾸는 노동 소득으로는 성취감 넘치는 인생을 살기 어렵다. 시간과 돈을 동시에 같이 버는 일을 구축해야 한다. 우리가 주말만의 휴식을 위해서 주중에는 일만 하고 있는 상황은 나의 발전과 미래를 담보하지 못한다. 그렇다면 다르게 생각해 보아야 한다.

삶의 판을 다르게 만들어야 한다. 가치를 봐야 하고 자산을 구축해야 한다. 만약 나도 젊은 나이에 이러한 깨달음이 있었다면 지금보다는 더 나은 삶을 살고 있을 거라 생각한다. 물론 지금이라도 알고 나름 방향을 잡아 나아가고 있어서 다행이라고 여긴다. 간혹 후배들이 미래에 대한 성찰이나 대비가 없이 열심히 일만 하는 것을 보면 애처롭기만 하다. 그래서 꿈과 비전, 그리고 미래에 대하여 이야기를 나누어 보면 전혀 생각하지 않고 있었다고 한다. 안타까운 일이다.

충남대 민병길 교수의 〈국세통계로 본 글로벌 금융위기 이후 근로소득 및 통합소득 불평등〉(한국경제발전학회, 2021)에 따르면 근로소득과 정반대로 배당소득, 재산소득, 임대료 등의 자산소득이 전체 소득 불평등 및 양극화를 악화시키는 요인으로 작용했다고 한다. 특히 자산소득 상위 10~20%와 그 나머지 계층 간의 격차를 더욱 악화시키는 요인으로 작용했다고 한다. 이는 반대로 말하면 우리가 계층의 사다리를 타고 올라가기 위해 대비해야 할 보완책이 무엇인지 보여주는 지점이기도 하다. 근로소득이 끝나는 인생의 어느 시점에서도 여전히 우리 삶의 오아시스에 물을 공급해 줄 파이프라인이 필요하다는 이야기이다.

본업에 충실하면서 스페어타이어를 준비하라

본업에 충실하면서 후반기 인생에 더 잘 살 수 있는 준비를 틈틈이 해야 한다. 본업에 충실하지 않으면서 스페어타이어를 준비하다 보면 둘 다 놓칠 수 있다. 하는 일을 충실하게 하면서 본인이 하고 싶은 미래의 일을 준비해야 한다.

먼저 소득의 구조를 다양화할 필요가 있다. 기존의 근로소득에서, 인세소득, 임대소득 등 자산을 구축할 수 있는 소득의 시스템을 구축해야 한다. 그러기 위해서는 현재 직장에서 승진하든지, 최대한 몸값을 올려야 한다. 그래서 회사에서 나오는 기본소득을 디딤돌 삼아서 무리하지 않고 차분하게 자산을 만드는 공부를 해야 하고, 성공한 사람을 만나서 배우고 깨우쳐야 발전한다. 직장에 있을 때 많은 인적자원도 잘 활용하여야 한다. 직장이 다음 인생의 버팀목이 되도록 기존의 관계를 중시해야 한다.

다르게 살아야 인생이 달라진다

앞서 잠시 언급했지만, 나와 같이 근무한 안전팀장의 사례를 소개하고자 한다. 해당 팀장도 회사에 다닐 때는 상사에 대한 불만도 있고 미래에 대한 두려움과 불안이 있었지만, 잘 준비해서 자신만의 좋은 결과를 만들어 냈다.

그 팀장은 열심히 현장에서 일하는 직원이었고, 동대구 프로젝트의 안전팀장으로 함께 근무하였다. 그런데 본인은 열심히 근무하고 맡은 바 일도 다했지만, 본사 안전 담당 임원은 해당 팀장에게 좋은 평가를 주지 않았다. 내가 보기에는 우수한 간부이고 업무도 완벽하게 처리하며 노동부, 안전관리공단 등의 감독관들과도 원만한 관계를 가지면서 현장의 중추적인 역할을 잘 하였다. 나와도 많은 대화를 나누면서 현장이 준공하고 오픈할 때까지 열심히 일하였다.

하지만 회사에서 더는 승진과 발전 가능성이 없다고 스스로 판단을 내리자 퇴사한 다음 퇴직금으로 남양주에 투룸 오피스텔과 원룸 등을 지어서 건물주로서 성공적인 삶을 살고 있다. 월 순수입 이천만 원 이상의 임대 수입을 받고 있으며, 지금은 여유롭게 시간과 공간에 구애받지 않는 자유로운 생활을 누리고 있다. 이처럼 인생 후반기를 미리 준비해 삶을 여유롭게 살기 위해서는 우리 각자 직장이 아니라 나만의 직업, 평생 가져가는 현역이 되는 일을 하는 것이 가장 강력한 도구이다.

시간 노동자가 아닌
시간 생산자로 살아가기

■ 인생을 살면서 가장 무서운 것이 무엇일까? 내가 생각하는 가장 무서운 것은 다름 아닌 시간이다. 물론 건강도, 자산도, 친구도 중요하지만, 모든 것이 순간처럼 흘러가는 세월을 잡을 수는 없다. 따라서 시간은 돈이나 다른 무엇으로도 전환될 수 있는 소중한 인생의 자산이기에 우리는 지나가는 시간을 잘 활용하고 이용해야 한다.

매일 TV를 2시간씩 보는 사람은 일 년 동안 2개월 이상 낭비한다. 지금 32세인 사람이 80세까지 산다고 가정하면 무려 8년이라는 시간을 더 사용할 수 있다.(후루이치 유키오, 이진원 역, 《1일 30분》, 이레, 2007) 이처럼 우리는 하루하루를 보내고 있으며, 스쳐가는 시간은 흘러가는 강물처럼 다시 되돌아오지 않는다. 따라서 시간에 구속된 시간 노동자가 아닌, 시간으로부터 자유롭고 확장성이 있는 시간의 생산자로 살아갈 수 있는 삶의 구조를 만들어야 한다. 이를 통해 더욱 보람차고 활기찬 날들을 보내고 나의 시간이 주변에 선한 영향력을 미치는 시간의 생산자로 살아가기를 바란다.

시간 생산자의 공통적인 습관

시간 생산자로 산다는 것은 결국 성공으로 가는 지름길이다. 성공자들은 자신이 하고 싶은 일에 집중하면서 시간 관리를 한다. 그들은 잠을 줄어서라도 시간을 만든다. 보통의 사람들은 관심만 있지 직접 하려고는 하지 않는다. 하지만 시간 생산자들은 시간을 직접 만들어서 그것을 실천한다.

시간은 얼마든지 만들 수 있다. 현대사회는 모두가 바쁘게 생활한다. 시간은 주말에도 만들 수 있고 새벽잠을 줄이면서도 만들 수 있다. 일찍 출근하면서 시간을 생산할 수도 있다. 성공하고 싶으면 습관화가 중요한데, 무엇보다도 본인의 타임테이블을 만들어서 규칙적으로 일을 해야 한다. 자기의 스케줄 대로 일하는 라이프스타일을 만들어서 습관화시키면 삶이 하루하루 성장하고 더 나은 발전을 만들 수 있다.

습관의 중요성에 대한 예를 들어보자면, 회사 선배 최모 소장의 경우가 가장 먼저 떠오른다. 현장에 품질 점검을 가 보면 최 소장의 평소의 습관이 어떤지 한눈에 알 수가 있다. 현장 여기저기에 쓰레기가 보이고 건설 자재들이 제멋대로 흩어져 있으며, 직원들의 태도와 옷차림, 현장 분위기를 보면 정말 답답하기까지 할 정도의 관리 상태에 깜짝 놀라기도 했다. 문제는 그 선배가 그 현장만 그렇게 관리하는 것이 아니라는 점이다. 그 선배가 발령받은 어느 현장에 가 보아도 항상 그랬다. 현장에서의 습관이 헐렁헐렁한 것이다. 관리자로서의 자질 부족이다. 학벌도 좋고 스펙도 좋은 선배이지만, 그 선배의 습관, 현장의 분위기와 품질의 상태는 별로 좋은 점수를 받을 수가 없다. 아니나 다를까, 그 선배의 현장은 준공 시점에 항상 여러 가지 이슈로 어렵게 최종 준공검사를 받거나 아니면 임시 사용 승인으로 준공이 되면서 최종의 준공 승인을 한동안 지난 후에야 받는 경우가 있었다.

하지만 대다수의 현장소장은 주어진 스케줄과 예상되는 리스크를 관리하면서도 현장 자재의 정리정돈 등을 깨끗하게 한다. 현장관리를 완벽히 하고, 많은 근로자들이 일사분란하게 일할 수 있도록 미리미리 체크하여 지시해서 시간의 낭비가 없도록 관리를 잘한다. 이것이 시간 생산자의 기본적인 요소이다. 빠르고 옳은 결정을 잘 내리는 리더가 속한 조직과 현장은 빠른 속도로, 하자 없이 일이 잘 진행되고, 원가나 이익도 많이 개선할 수 있다. 결국은 시간이 돈과 연계된다. 오히려 돈보다도 더 중요한 것이 시간이다.

이렇듯 우리는 시간 노동자도 될 수 있고 시간 생산자도 될 수 있다. 따라서 시간의 생산자로서의 삶을 살면서 주변에 선한 영향력을 주는 리더로 살아야 의미 있고 행복하며 후배들에게 좋은 선배로서의 역할을 할 수 있다.

시간 생산자의 업무

현장에서 가장 중요한 것은 공사기간 준수이다. 백화점이나 스타필드처럼 대형 매장일 경우 공사기간을 못 맞추고 일정이 늦어질 경우 생각보다 엄청나게 큰 손실을 보게 된다. 예를 들면 겨울 크리스마스 전에 백화점을 오픈하기 위해 명품 옷과 상품 등을 계절에 맞게 준비하였는데 그 시점을 못 지키면 옷과 이불 같은 물건은 이월상품이 될 수밖에 없다. 실제로 손실을 보는 것이다. 따라서 현장에서는 그 일정을 맞추기 위해서 혼신의 노력과 수고를 한다. 따라서 건설 공기를 단축해 입주 시기를 앞당겨 주고 영업시간을 확보해 주는 일은 시간 생산자로서의 역할이라고 본다.

직원들 중에서도 시간 노동자로 사는 사람이 있는가 하면 시간 생산자로 사는 직원도 있다. 미리 준비하고 계획해서 그날과 그 주간 스케줄, 월간 계획 등을 공유하면서 일정을 관리하는 직원은 시간 생산자로서 인정을 받는다.

나도 대형 프로젝트를 수행하면서 공사 기간 단축을 통하여 매출 확장에 기여하는 등 시간 생산자로서의 역할을 위해 많은 노력을 했다. 예를 들어, 동대구 복합환승센터의 백화점 2017년 매출예상액이 7,000억이었는데 6개월을 단축함으로써 기여한 매출 금액이 증가액이 약 3,500억 정도에 달했다. 현재는 연매출액이 1조를 넘는 것으로 알고 있다. 이처럼 유통 시설인 경우 공사 기간을 단축해 시간을 생산할 수 있는 여건을 만들어 주면 사업의 성공이 가까워진다고 할 수 있다.

그렇게 시간의 생산자로 살기 위해서는 직원들의 업무 자세와 마인드가 중요하다. 성과를 내고자 하는 의지가 있어야 하고, 결과물로 만들어 내는 근성이 필요하다. 또한 좋은 협력사를 잘 만나야 성과를 만들 수 있다. 일은 협력사에서 최선을 다해서 할 때 성과가 난다. 따라서 프로젝트에 참여한 구성원 모두가 중요한 역할을 한다.

시간은 누구에게나 다 공평하게 주어지기 때문에 가장 무섭다. 이 한정된 시간을 이용해서 누구는 엄청난 성공자가 되고 누구는 하루하루 힘들게 살아가는 인생으로 사는 모습을 접한다. 따라서 우리는 시간의 활용을 시간의 노동자가 아닌 시간의 생산자로서, 시간의 창출자로서 살아야 인생의 성과를 만들 수 있다는 것을 배운다. 아무리 노력을 한다고 성공이 보장되지는 않는다. 방향을 잘 설정하고 거기에 시간을 투입해야 성공의 길이 열리는 시간 생산자로서의 삶을 살 수 있다.

매일 매일 스쳐 지나가는 시간 속에서 과거가 아닌 지금 이 순간이 가장 중요한 시점이다. 계획과 목표를 세우면 지금부터 무엇이든 시작해야 발전과 성장을 할 수가 있다. 내일도 아니고 바로 지금이다. 미래는 어떻게 될 지 아무도 모른다. 하루하루 그날 그 시간에 최선을 다하는 삶을 살 때 나날이 성장하는 삶이 될 수 있다.

따라서 우리는 그날의 일들을 마지못해서, 주어지기 때문에 하는 시간의 노동자로 살기보다는 늘 새로운 아이디어로, 긍정의 마인드로 시간을 확장하는 시간 생산자로서의 삶을 살 수 있도록 지금 즉시 실천하고 행동하는 희망의 리더들이 되기를 바라는 마음이다.

성공 습관을 계획하며 루틴으로 만들어라

■ 한 사람이 태어나서 성인이 되기까지 어떤 부모와 가정환경 속에서 양육되고 교육되는가에 따라 그 사람의 인생이 완전히 달라지는 것을 볼 수 있다. 어린아이 때부터 부모의 행동과 말하는 모습, 부모님의 습관들을 보면서 본인도 자연적으로 학습되고, 그렇게 따라가면서 청년이 되고 어른이 되는 것이다. 그 어른은 결혼해서 아이가 생기면 또 그렇게 양육을 한다. 그래서 가정의 전통과 문화, 분위기가 매우 중요하다. 이처럼 한 사람의 인격은 가정에서부터 출발하는데, 특히 부모의 영향을 많이 받으며, 이 모든 것이 자연스럽게 체화된 것이 본인의 '습관'으로 자리 잡으므로 습관의 중요성을 새삼 알게 된다.

직장 생활에서도 마찬가지로 습관이 중요하다. 학력이나 스펙은 좀 부족하지만, 좋은 습관을 지니고 있으면 결국에는 주변에 인정을 받고 회사에서도 순조롭게 승진하며 일이 잘 풀리는 경우가 많다. 아침부터 일찍 출근해서 자기 주변의 정리를 하고 선배들이 출근할 때 아침 인사를 먼저하며, 업무를 꼼꼼하게 챙기는 사람은 누구보다도 인정을 받을 수밖에 없다. 결국은 좋은 습관을 가진 사람이 인생을 살아가면서 일도 잘 풀리고 성공할 확률도 높다.

성공자들의 공통적인 습관

전국적으로 대형 프로젝트를 진행하다 보면 성공자들을 많이 만나게 된다. 지금도 그들과 소통하면서 통찰력과 에너지를 얻는다.

성공자들의 공통적인 습관을 보면 다음과 같이 정리해볼 수 있다.

첫째, 하나같이 겸손하고 배려심이 많다, 대학의 최고경영자 과정 등 모임에 나가보면 한결같이 웃음 짓고 여유 있는 표정의 긍정적인 사람들을 많이 만난다. 각 계층에서 잘 생활하다 오신 분들이 최고경영자 과정에 모이다 보니 여기서 새로운 지식도 많이 배우지만, 각계각층의 성공한 사람들과 함께 강의를 들으면서 더 나은 삶을 개척하는 자리가 된다. 평일에 각자의 일터에서 열심히 업무를 보고, 일주일에 하루 저녁 시간을 이용해서 사회의 지도층 위치에 있는 사람들이 모여서 강의도 들으면서 서로의 좋은 관계를 만들고 비즈니스로도 발전할 수 있다. 나도 많은 최고경영자 과정과 기술경영자 과정을 다니면서 최고의 위치에서 성실하게, 열심히, 자기의 발전을 위해서 사는 사람들을 많이 만났고, 하나같이 겸손하고 따뜻한 배려심을 갖춘 그분들의 자세를 배워 나 역시 습관화하도록 노력했다.

둘째, 성공자들의 개인적인 습관은 한결같이 부지런하고 아침형 인간이라는 점이다.

대기업 직원들의 아침 출근하는 풍경을 보면, 가장 일찍 출근하는 사람들은 당연히 임원들이다. 아침 일찍 출근해서 업무를 시작하고 평사원들이 출근하기 전에 각 현장의 소장들과 통화를 하면서 업무의 정보를 더 빠르게 취득한다. 그리고 소중한 아침 시간을 이용해서 자신의 발전을 위한 일들을 한다. 주 52시간이 시행되면서 9시 직전에 출근하는 직원들과는 비교가 안 될 정도의 업무량을 만들어 낸다. 이렇게 아침마다 열심히 일과 업무를 보는 아침형 인간들과, 별생각 없이 출근하고 시간에 맞추어서 그냥 퇴근하는 직원들 사이에 시간과 세월이 지날수록 엄청난 차이가 나는 것은 당연하다.

셋째, 성공자들은 유연한 사고를 갖추었고 목표가 생기면 신속하게 일을 처리하는 모습을 볼 수 있다. 그들은 새로운 지식을 접하기 위해서 늘 열린 생각으로 업무를 본다. 대기업 또는 큰 조직에서 일하는 간부들의 특성은 대개 책임을 안 지려고 하는 태도인데, 그러다 보니 업무에 있어서 본인의 주관적인 판단과 추진력을 찾아볼 수가 없다. 너무나 아쉬운 일이다. 나는 업무를 볼 때 고민은 하지만 합리적이고 옳다고 판단되면 리스크가 있더라도 추진했었다. 하지만 요즘 간부들은 그런 점이 부족한 것 같아 아쉬움이 남는다. 고민은 깊게 하고 의사결정이 되면 빠르게 업무를 처리해야 한다.

넷째, 성공자들은 관계에 있어서 특히 적이 없다고 할 수 있다. 두루두루 원만한 대인관계를 유지하면서 그 누구에게도 안 좋은 인상을 주지 않는다.

예전에 회사의 우수 협력사 대표 중에 김 회장이라는 분이 계셨는데, 그분은 20년 전에는 아주 작은 영세 협력사 사장으로 직접 손수 현장에서 일하면서 회사를 성장시켰다. 하지만 지금은 철 구조 공종(工種)의 가장 큰 회사로 사업을 확장하고 있으며, 항상 겸손하고 배려심이 있는 기업 오너로 정평이 나 있다. 일은 일대로 잘 처리하면서 관계를 잘하기에 입지전적인 사람으로 주변에서 인정받고 있다.

관계를 잘 유지한다는 것이 특별한 것이 아니다. 자주 연락하고 물질을 떠나서 서로 진심 어린 마음을 나누면서 신뢰를 쌓아가는 것이다.

특히 김 회장의 성공 습관을 분석해 보면 수시로 안부를 나누면서 이슈에 대해 공감을 잘하는 것, 그리고 성실하게 현장에 늘 방문하면서 공사의 진척상황과 애로사항을 파악하여 문제를 선제적으로 해결하도록 노력하는 것을 들 수 있다. 또 발주처의 요구 사항은 최대한 반영하여 일을 만들어 가는 습관은 그분이 성장하고 발전하는 토대가 되었다. 아울러 두루두루 원만한 관계를 유지하는 태도 역시 직원들이 해당 기업을 우수한 협력사로 인정하게 만드는 이유였다.

그 밖에도 건축 마감공사 업체인 '수장 공사'의 황 회장은 젊었을 때 개그맨으로 사회생활을 출발했지만, 지금은 전문 건설회사를 운영하며 경영 능력도 탁월하다. 특히 다양한 사람들과 교류를 하면서 사업을 원만하게 이끌어 가는 모습, 성실함과 재치 있고 유연한 사고, 상대방을 편안하게 만드는 매너 등을 보면 그것이 결국 성공하는 사람들에게서 발견되는 공통점이 아닌가 싶은 생각을 하게 된다.

좋은 습관을 통해 실패하지 않는 루틴을 만들라

평생을 이어가며 좋은 삶을 살려면 평생의 목표와 좋은 습관, 그리고 루틴이 있어야 한다.

성공자들은 하루하루 루틴으로 움직이고 있다. 남과 비교하는 대신 과거의 나와 지금의 나를 비교하면서 좋은 습관으로 매일의 삶을 살아야 한다. 작은 것이라도 조금씩 좋은 습관을 계획하면서 루틴을 만들어 가면 그의 삶은 발전하리라 확신한다. 좋은 습관을 소유한 사람은 실패할 확률이 적기 때문이다.

좋은 습관을 그만의 루틴으로 만드는 몇 가지 제안을 하면 다음과 같다.

첫째, 작고 사소한 습관부터 시작하는 것이 좋다. 하루에 20분

이상 꼭 책을 읽는 습관, 아침에 일어나서 물 한 잔을 마신 후 명상을 하는 습관 등 소소한 습관을 나만의 루틴으로 만들자.

둘째, 뚜렷한 목표를 세우자. 목표가 있는 것과 없는 것의 차이는 생각보다 크다. 우리가 길을 헤맬 때도 목표 지점이 있으면 빠르게 해결을 할 수 있는 것과 같다.

셋째. 주기적으로 목표에 대한 점검을 하자. 루틴이 확립되면 내가 잘하고 있는지 다른 방향으로 가고 있는 것은 아닌지 주기적으로 체크할 필요가 있다.

넷째, 주변에 알리자. 주변 사람과 지인들에게 알려서 내가 포기하지 않도록 마음을 다잡으며, 진행하고 있는 루틴으로 주변의 격려를 받으면 더 좋은 효과를 볼 수 있다.

솔직히 나도 그렇게 잘하고 있지는 못하는 것이 현실이다. 하지만 하루하루 더 좋은 루틴을 만들어 가고는 있다. 얼마 전 신문에서 본 내용인데, 보험왕의 성공 비결은 '오방십콜'이라고 하였다. 하루에 고객 '5'명을 '방문'하고, '10'명에게 '전화'를 매일 한다는 것을 루틴으로 만들어서 보험왕이 되었다. 즉 꾸준함이 답이라고 할 수 있다. 이처럼 좋은 습관을 루틴으로 만들어서 생활하면 본인의 건강에서부터 비즈니스 및 직장 생활에 긍정의 효과와 성과가 생기고, 성공으로 가는 지름길이 될 수 있다. 지금보다 더 나은 내일을 만들고 싶으면 좋은 습관과 루틴을 만들어서 하루하루 성장하고 발전해보자. 좌로나 우로나 치우치지 않는 나만의 루틴을 만들어서 성장하고 발전하는 나를 만들자.

걸림돌이 없다면 가치가 없다

■ 사람들은 모두 걱정 없는 인생을 살아가기를 원한다. 멋진 삶을 살기 위해서 어릴 때부터 열심히 공부하고 하루하루 바쁘게 살아간다. 하지만 막상 대기업에서 직장 생활의 대부분을 보낸 경험으로 비추어 보면, 걸림돌이 없었던 때는 없었다.

신입 사원 때는 직장의 선하지 못한 동료들이, 중간 관리자일 때는 협력사의 거친 행동들이, 간부 때는 타 부서와 협업의 어려움이, 임원 생활할 때는 사내 그룹에서 파당을 지어 정치하는 임원이 걸림돌이었다. 어느 위치에서 생활하든 걸림돌은 분명히 존재했다. 하지만 핵심은 걸림돌을 어떤 시각으로 생각하고 어떻게 보느냐에 따라서 결과는 확연히 차이가 난다는 점이다.

걸림돌은 삶을 성장하게 만든다

그렇다면 걸림돌이 없이 평생 평안하게 가는 인생은 재미가 있고 행복할까? 내 생각에는 '그렇지 않다'가 답이다.

동대구 복합환승센터의 박차장(泊車場) 신축공사 현장을 진행할 때 주변 주민들의 엄청난 민원들에 맞닥뜨리며 그들을 만나서 설득하고 해결하면서 경험한 것을 이야기해보겠다.

우선 '박차장'이라는 용어가 좀 생소할지 모르겠다. 동부 시외버스터미널과 서부시외버스터미널, 그리고 고속버스터미널을 복합환승센터에서 한 번에 타고 내리도록 하는 대규모의 시설을 계획하면서, 그 많은 버스들이 주차하고, 정비하고 쉴 수 있는 공간이 바로 박차장이다. 해당 공간은 동대구역 철도 변의 40~50년 정도 된 상당히 낙후된 동네였고, 철도, 시멘트 창고와 모래, 자갈 등을 운송 적재하는 철도 하치장도 있었다. 그러다 보니 그 동네는 하치장에서 작업하는 소리와 모래, 자갈, 시멘트 등을 기차에 적재 또는 하치할 때 소음과 먼지도 많이 발생하는 지역이었다. 철도 하치장 자리에 동대구 복합환승센터의 박차장이 건설되면 우선 깨끗한 환경으로 변화되고 소음과 먼지도 줄어들며 인근에 대형 백화점과 고속 터미널, 영화관 등 다양한 쇼핑시설 등이 생겨서 지가 상승은 물론 그 일대 동네의 수준이 올라갈 것이 예상되는 상황이었다. 그럼에도 불구하고 주민들은 건설공사를 반대하는 시위를 벌이면서 지역구의 국회의원, 시의원, 구의원 등과 시청, 구청, 환경부 등에 계속해서 민원을 넣고 공사를 방해하는 시위를 하였다.

그들이 시위하면서 요구하는 사항은 본질적으로 파고들면, 결국 돈이나 아니면 그에 상응하는 적절한 무엇인가를 해 달라는 것이었다. 그래서 우리는 원칙을 정하면서 민원인과 대화하고 협의해 갔다. 일단 개별적인 현금 지원은 없고, 혹 지원한다면 노인정 보수, 동네공원 설치 등 공익에 도움이 되는 지원을 하는 것으로 했다. 그리고 한두 명의 직원이 민원인들을 감당할 수 없는 일이라서 민원 담당 실명제를 하였다. 각각 직원들에게 담당 민원인을 지정해서 대응할 수 있도록 관리한 것이다. 어떤 직원은 민원인이 노래방 주인이라서 일과 후에는 노래방으로 계속 가서 노래방 주인과 고객으로 친분을 쌓으며 좋은 관계를 유지했다.

특히 수많은 민원인 중에 환경보호자를 자칭하는 모(某) 본부장이 있었는데, 환경 보호 운동을 자칭하면서 그 지역의 건설 현장마다 찾아가서 현장에서 조금이라도 소음이나 먼지가 발생할 때는 몰래 사진 찍어서 바로 노동부와 환경부, 그리고 구청 환경과 등에 고발하여 공사를 중지시켰다. 또 현장 공사를 중지하도록 노동부, 환경부, 구청 등에 계속적으로 민원을 넣어서 담당 공무원들조차 엄청 힘들어 하는 사람이었다. 대구 지역의 현장에서는 모두에게 그 본부장이 저승사자 같은 존재였다.

실질적으로 그 본부장의 계속되는 민원으로 몇몇 현장이 공사를 중지하는 일이 벌어지기도 했다. 해당 본부장은 자신의 파워로 공사장을 중지시킨 것을 자랑하면서 지역의 현장마다 본인의 힘 자랑을 하는 통에 현장 관리자들이 누구보다도 두려워하고 있었다. 노동부 담당 직원도, 구청 환경과 직원들도 그 본부장을 만나고 싶지 않은 민원인으로 여기며 힘들어했다.

우리 현장에서도 관리팀장과 안전팀장이 그 본부장의 행태로 힘들어해서 내가 관리팀장을 통해서 만나 보려고 하였는데, 팀장들이 상무님은 안 만나는 것이 좋다며 적극 만류하는 보고가 올라왔지만, 현장 일을 하기 위해서는 내가 직접 만나야겠다고 생각해서 현장 소장실로 모시도록 하였다. 그래서 관리팀장이 그 본부장과 통화해 현장에 내가 있는 소장실에서 대면해 보았다. 만나는 순간 이글거리는 눈빛과 강렬한 인상, 큰 음성, 거친 언어는 정말이지 아무나 쉽게 호감이 갈 것 같지는 않은 분위기의 인물이었다.

그는 소장실에서도 거칠게 이야기하면서 소음과 먼지가 없는 좋은 세상을 만들기 위해서 일을 한다면서 자신을 자랑하였다. 그 누구도 못 하는 공의로운 일을 한다는 식의 자기 자랑이 길게 이어지자, 나는 바로 "본부장, 당신 진짜 대단한 사람이다. 대한민국에 사시지 마시고 중국의 고비사막 지역에 가서 사막에 나무를 평생 동안 심으면서 숲을 만들어서 중국 사막에서부터 날아오는 미세먼지가 없는 세상을 만들어 달라"라고 말했다. 그때는 가을철에 지금처럼 청명한 하늘을 볼 수가 없는, 먼지 많고 흐린 날들이 많은 시절이었다. 나는 "당신 같은 훌륭한 환경주

의자가 왜 이 지역에 계시냐, 더 크게 생각하고 더 큰 일을 하라"고 말했다. 그러면서 몇 살이냐고 물었더니, 그는 나보다 두 살이 더 많았다. 그래서 그날부터 내가 형님으로 호칭하기로 했다. 이후 그는 나에게 수시로 전화를 하였고, 나는 잘 대응해 주어서 내가 맡은 현장은 한 번도 그 본부장이 민원을 제기하거나 괴롭힌 적이 없었다.

이런 다양한 민원인들을 대처하고 관리하면서 현장은 순조롭게 공사가 이루어졌다. 또 직원들도 외부의 많은 민원들에 소장인 내가 큰 방향을 잡아서 이끎으로써 일을 쉽게 처리할 수 있었지만, 여러 종류의 민원은 이후로도 끝없이 이어졌다. 예를 들면, 장비 소리에 귀가 아프다면서 보상을 요구하는 사람, 밤에 술 먹고 지나다가 넘어져서 다쳤다고 보상을 요구하는 사람 등 다양했다. 최후에는 CCTV까지 보여주면서 확인시키면 당사자의 잘못인 줄 알면서도 계속해서 생트집을 잡는 민원인들이 많았다.

만리장성 축조를 책임지던 중국의 몽염 장군은 누명을 쓰고 자살하기 전에 '하늘이 자신에게 죄를 묻는다면 만리장성을 쌓으면서 그 가운데 지맥을 끊은 것이 수도 없이 많았기 때문'이라고 했다고 한다. 하지만 요즘 세상이었다면 몽염 장군은 만리장성 벽돌 한 장 한 장마다 발생한 민원으로 스트레스성 돌연사를 했을 가능성이 크다는 게 대규모 프로젝트를 책임져 본 내 심정이다.

이루겠다고 생각하면 방법이 생긴다

이렇게 많은 민원들이 있었지만, 현장에서 매주 동네 주변에 꽃을 심고 청소를 하며, 공원의 운동기구 보수 등 환경개선 운동을 통해 주민들과 좋은 관계를 유지하였고 일도 잘 마무리할 수 있었다. 우리가 살아가면서 걸림돌을 만나지만 무시하지 않고 해결해 나가면 민원인을 이해하게 되고, 직원들도 성장과 성숙을 경험하는 계기가 된다. 나 또한 이런 과정을 경험하면서 더 많이 배우고 많은 사람들을 이해하는 폭과 긍정의 능력이 확장되었을 것이다.

무엇이든지 이루고 말겠다는 신념이 있으면 다양한 방법과 해결책이 나온다. 시도를 안 하고 행동을 안 하기 때문에 이루지 못할 뿐이다. 일을 할 때는 어떤 일이든 어려움과 걸림돌이 생긴다. 그럴 때 주저하기보다 더 적극적으로 밀고 나가 행동하면 의외로 쉽게 해결책과 성과를 만들 수 있다. 중요한 것은 자신을 믿고, 확신을 가지며, 가치가 있는 일에 집중해서 나아가는 것이다.

인생 문제를 어떻게 잘 다룰 수 있을까?

■ 모든 것이 감사하다. 우리는 살아가면서 여러 가지의 힘든 일을 만나고 두려움과 위기를 경험하게 된다. 기본적으로 인생 자체가 문제의 연속이다. 문제가 발생했을 때는 힘들지만 시간이 지나고 문제가 해결되면 좋은 경험이 되고 실력이 그만큼 쌓인다. 따라서 긴 안목으로 봤을 때 무엇보다 방향의 설정이 중요하다. 아무리 열심히 해도 방향이 다르면 헛수고가 된다. 그러나 좀 부족하더라도 방향을 잘 잡고 꾸준하게 나아가면 시간이 흐름에 따라 큰 성과를 거두는 것을 많이 볼 수 있었다.

내 지인 중에는 사업하는 사람들이 많다. 대개 그들이 수십 년 이상 사업을 유지하면서 성장시키는 비결은 방향을 잘 잡고, 무리하지 않으며, 안전하게, 꾸준히 성실하게 경영하기 때문이다. 대부분 사업이 어려워지는 이유는 무리한 확장을 하다가 갑자기 경제적 위기가 닥쳐 벌여놓은 일을 해결하지 못하기 때문이다.

경험이 많은 선장은 먼바다의 변화를 읽고 배의 출항과 항해의 방향을 결정한다. 개인의 삶도, 가정도, 국가도 마찬가지라고 생각한다, 방향을 잘 잡고 무리하지 않으면서 꾸준히 한 계단 한 계단 나아가며 성장하는 것이 중요하다.

바른 소명을 찾아라

세상을 살아가면서 무엇보다 귀하게 여겨야 하는 것은 나의 '소명'을 찾는 것이다. '소명'을 영어로 표현하면 'Calling'이다. 이스라엘 민족을 이집트에서 구출한 모세가 창조주의 부르심(Calling)을 받았을 때, 그는 평생을 두고 자신이 수행해야 할 과업과 마주하게 되었다. 이후로 그는 본인에게 주어진 소명에 합당한 삶을 살았다. 이처럼 올바른 소명은 소명자가 올바른 방향으로 나아가도록 동기를 부여하며, 지치지 않는 열정을 발휘하도록 하는 원동력이 된다.

내가 생각하는 소명의 핵심은 방향성 설정이며 무엇보다도 자기관리가 전제되어야 한다. 소명의 핵심은 '우산 이론'이다. 나의 재능을 극대화하고 강점으로 승부해야 한다. 단점을 '강점의 우산'으로 덮으면 단점은 우산 안에 있어 안 보이게 된다. 우리는 모든 것을 다 잘할 수는 없다. 따라서 신이 나에게 준 잘하는 재능을 극대화하는 것이 중요하다.

나는 대형 프로젝트를 수행하면서 소명의식으로 일했다. 나의 소명은 프로젝트의 완수, 그리고 이를 통해 기업이 지역사회에서 선한 영향력으로 성장함과 동시에 지역 경제를 발전시키는 일이었고, 그렇게 되도록 혼신의 노력을 다하였다. 실제로 이러한 소명의식으로 일에 임하여 대구 복합환승센터 프로젝트의 경우 전체 공기를 약 6개월 단축할 수 있었고, 지금도 대구에서는 최고의 입지를 구축하고 있다.

성품을 훈련하라

성품은 태어날 때부터 지닌 성질을 뜻한다. 히브리어로는 성품은 '영, 의지, 정신, 심령' 등을 뜻하는 '루하흐(rûah)'라는 단어이며, 대개 인간의 선한 의지적 측면을 강조할 때 사용된다. 성품이 좋은 사람은 어디에서나 존경과 신뢰를 받는다. 표정과 행동에서부터 성품이 좋은 사람은 남다른 면이 있다.

성품을 좋게 만들기 위해서는 절차탁마(切磋琢磨)의 과정이 필요하다. 옥은 울퉁불퉁한 돌덩어리의 형태로 산에서 채취되지만, 그것을 자르고(切), 줄로 썰어내며(磋), 불필요한 부분을 쪼아내고(琢), 광택이 나도록 갈아내는(磨) 작업이 필요하다. 스스로 자르고, 썰어내며, 쪼아내고, 갈아내는 작업을 통해 우리의 성품은 더욱 성숙되고 훌륭한 자질로 만들어질 수 있다.

성품을 말할 때 성경에 나오는 9가지 열매에 비유하기도 하는데, 이 9가지 열매는 "사랑과 희락과 화평과 오래 참음과 자비와

양선과 충성과 온유와 절제니라(「갈라디아서」 5장 22-23)"라고 하였다. 여기서 '양선'이란 조용히 선행을 베풀면서 보답을 바라지 않는 것이다. 또 '충성'이란 한 대상을 위해 열과 성을 다하는 마음이다. 온유한 사람은 자신의 체면만 생각하지 않고 남의 체면도 생각해주는 사람이다. 나는 여기에 두 가지를 더 첨가하고 싶다. 그것은 '겸손'과 '태도'이다.

성품을 말할 때 '물통 이론'이란 게 간혹 거론된다. 나무판 여러 장을 덧대어 만드는 나무 물통의 특성상, 어느 한 장이 다른 것들보다 높이가 낮다면, 결국 그 물통에 채워지는 물의 높이는 가장 짧은 나무판의 높이에 의해 결정된다. 즉, 한 가지 결핍의 요소가 나머지 모든 인자들에 영향을 미친다는 것이다. 최고 품질 딸기 재배에 필수적 영양분은 질소, 칼륨, 칼슘, 인산이지만, 나머지 다른 영양분들을 아무리 많이 공급해도 결국 그 딸기는 부족한 단 하나의 영양소가 있다면 그로 인해 제대로 성장하지 못하는 것과 같은 이치이다.

앞에서 강점으로 약점을 덮을 수 있음을 언급했지만, 그렇다고 단점을 마냥 방치해두어서도 안 될 일이다. 마찬가지로 9가지의 좋은 성품을 가지고 있다 하더라도 그중 어느 한 가지가 부족하면 그 부족함 때문에 모든 것이 부족해 보이는 현상이 발생한다. 따라서 우리는 부족한 요소가 나의 기준이 되지 않도록 단점을 보완하고 노력해야 한다. 조직과 공동체에서 많이 경험하지만, 일도 잘하고 태도도 좋은데 딱하나 자신의 약점 때문에 조직 또는 공동체에서 퇴출되는 경우를 많이 보았다. 외주팀의 핵심 직원이 일은 잘하는데 협력사에 갑질을 하는 경우, 일 잘하는 영업부장이 개인사업을 위해서 회사의 업무에 충실하지 않는 경우, 현장에서 일 잘하는 소장이 퇴근 후 현장 직원들을 불러서 술을 먹으면서 직원들을 힘들게 하는 경우 등, 자질이 우수함에도 불구하고 한 가지의 부족함으로 그 사람의 모든 것이 평가 절하되는 경우를 많이 본다. 최소한 나의 약점이 나의 강점을 잡아먹지 않도록 관리가 필요하다.

특히 내가 몸담았던 신세계는 윤리경영을 확실하게 하는 그룹이다. 심지어 윤리경영의 강령이 워낙 철저하다 보니 한창 일할 젊은 나이에 협력사로부터 약간의 선물을 받았다고 윤리경영 사항 위배로 인해 회사를 떠나야 하는 후배들도 있었다. 사람이기에 완벽하기는 어렵겠지만, 최소한 자신의 약점으로 말미암아 본인의 강점까지 피해를 보는 일은 없어야 한다. 우리 각자는 개인마다 성품을 잘 관리하고 개발하여 인생의 크레바스가 깊게 발생하지 않도록 관리해야 할 것이다.

5장

나를 성장시키는 태도가 곧 나의 자산이다

회사를 성장시키는 것도 결국은 사람이다

■ 내가 건축팀 팀장 때의 일이다. 대부분의 건설회사에서 가장 업무가 많아서 바쁜 팀장은 공통적으로 건축팀 팀장이라고 한다. 평일에는 업무가 많아서 나는 주말을 이용해서 현장 방문을 하고 현장의 현황과 지원할 사항 등을 파악해서 그다음 주 월요일 아침에 임원에게 주말에 현장에 다녀온 사항들을 보고하고 현장의 현안들을 해결했다. 그렇게 주말에도 현장에 가서 현장의 품질과 안전시설 등을 확인하면서 현장 점검을 하면 현장소장 중에는 주말에 온다고 싫어하는 사람도 있었다. 하지만 진짜 업무가 많았고, 전국 현장을 관리하는 입장에서 내가 시간적으로 손해를 보더라도 그렇게 하는 것이 맞다고 판단했다.

나는 코로나 19가 대구 지역에서 크게 유행해서 사람들을 통제하고 대구에는 아예 안 갈 때도 현장과 직원들이 있기에 대구에 가서 그들을 격려하고 위로하면서 적극적으로 현장관리를 해 왔다. 현장이 가장 중요한 사업장이고 모든 매출과 이익은 현장에서 나오기 때문에 나는 그 누구보다도 현장을 중시하고 현장에서 열심히 일하는 직원들에게 많은 애정을 가지고 업무를 보았다. 또한 본사의 부서에서 현장에 필요하지 않은 사항까지 업무 지시를 하지 못하도록 현장을 최우선적으로 관리해 왔다.

가슴 뭉클한 사연

한 번은 이런 일도 있었다. 주말마다 전국의 지방 현장에 방문하는데, 그날 주말에는 태백 이마트 현장 점검을 갈 예정이었다. 그런데 김 대리가 동행하겠다고 나에게 이야기해서 내 차로 함께 태백 이마트 현장 점검을 했다. 그 당시만 해도 지금처럼 도로가 완전하게 개통되지 않은 상태라서 안 좋은 길을 장거리 운전을 해서 태백 이마트 현장 품질 점검을 하고 현장소장과 이른 저녁을 먹은 다음, 한강의 시작점 태백산 금대봉 자락에 있는 검룡소를 구경했다. 하루에 2천여 톤의 지하수가 샘솟는 곳인데, 수온이 사계절 내내 9℃를 넘지 않는 차가운 물이 계속 흘러나와 무려 514km를 흐르며 한강을 이루는 것을 보고 서울로 출발했다.

그렇게 김 대리와 같이 담소를 나누면서 서울로 왔는데, 김 대리가 집으로 안 가고 내가 살고 있던 강남 일원동 쪽으로 간다기에 어디에 무슨 일로 가냐고 물었더니 개인적인 이야기를 해 주었다. 지금의 아내와 대학생 때 만나서 사귀었고, 좋은 만남을 이어왔는데, 연애 시절부터 갑자기 쓰러지는 병이 있어서 한 번씩 쓰러지면 119를 불러서 일원동 삼성병원 응급실로 간다고 했다. 결혼하기 전에 여자친구가 아픈 것을 알고 더 애정으로 사랑했고, 결혼해서 딸과 함께 잘살고 있었다.

김 대리는 인물도 좋고 업무도 그 누구보다 완벽하게 처리하며, 일의 속도도 빠르고 성실한데다가 책임감도 있어서 주변의 후배와 선배를 사이에서 가장 돋보이는 직원이었다. 지금도 여전히 그는 가장 에이스 간부 직원이다. 하지만 내가 물어보지 않았다면 지금도 김 대리의 아내가 그렇게 아픈지 몰랐을 것이다.

나는 감동의 러브스토리를 듣고 그가 혼자서 가정과 일터에서 누구보다 활기차고 완벽하게 일을 처리하며 주변에 좋은 이미지로 살아가는 것이 너무나 대견해서 나름 약간의 도움을 줄 수 있는 방법을 찾아보았다. 담당 임원에게 보고하고 회사에도 보고하여 현장 소장들에게 조용히 공식적으로 성금을 거둔 다음, 그 성금만큼의 금액을 회사에서도 지원해 주기로 했다. 그래서 전국 소장 회의 때 소장들 한 명 한 명을 만나서 이야기를 나누고 성금에 동참해서 소장들과 본사 팀장들의 성금과 회사의 성금을 모아서 김 대리 가정에 도움이 되도록 지원해 주었다. 지금 생각해 봐도 너무나 잘한 일이고 간부급 사원들과 회사가 한마음으로 뜻을 모아 누군가에게 따뜻함을 준다는 것은 정말로 멋진 일이었다.

소중한 가치

이렇듯 직장이라는 공동체에서 만나 많은 시간을 보내면서 함께 일하지만, 개인적인 속사정까지 알고 공유하기는 쉽지 않은 환경이다. 우리는 각자 회사에서 주어진 일을 하지만, 더 소중한 것은 우리 모두가 가치로운 시간을 회사에서 만들어 가야 한다는 점이다. 서로의 따뜻함과 격려와 지지는 우리가 살아가는데 필수요소이며 무엇보다 소중한데, 현실은 그렇지 못하다. 서로 불신하고, 시기하면서 상대방이 잘못되기를 바라고, 그래서 자신이 좋은 위치를 차지하려는 사심이 가득한 곳이 직장 내의 현실이다. 팀장 이상 임원급이 되면 거의 정치를 하는 것이나 마찬가지다. 정말 필요한 본질 파악은 뒤로하고 명분과 본인의 안위만 생각하는 팀장과 임원들을 볼 때마다 정말 안타깝다. 그들에게는 소중한 가치가 본인들의 편안함 추구일 뿐, 무엇보다 소중한 조직과 공동체의 발전에는 신경을 쓰지 않는다. 특히 큰 조직일수록 이런 직원들이 많다.

직장에서 일하면서 소중한 가치를 찾고 일의 핵심과 본질을 파악하며 그 일로 인해 확장될 수 있는 영향력을 더욱 좋게 만드는 직원이 진정으로 우수하고 멋진 직원이다. 그러한 직원들이 인정받고 승진하는 문화가 만들어져야 한다. 그리고 좋은 회사라면 음지에서 아무도 모르게 열심히 일하는 직원들을 찾아내고 격려하는 조직문화가 중요하다. 나는 그들이 진짜 숨은 영웅이라고 생각한다. 조용하고 묵묵하게, 욕심 없이 자신의 맡은 업무를 충실히 하는 인재는 프로젝트 현장 채용 직원 중에서도 찾아볼 수 있다. 나는 그런 직원들이 정규직으로 될 수 있도록 임원회의 등에서 계속해서 주장하였고, 그들 중의 상당수가 실제로 프로젝트 현장 채용직에서 정규직으로 전환되었다. 너무나 잘한 일이고, 본인과 그의 가정에도 좋은 일이 되었을 것이니, 지금 생각해도 잘했다고 여긴다.

우리는 일을 하면서 서로를 존중하고 배려해야 한다. 하지만 직급이 오를수록 상대방을 배척하고, 내 팀, 내 현장, 나만을 생각하며, 주변을 돌아보는 데 인색한 리더들이 생각보다 많다. 이들은 시간이 지날수록 고립되고 활동의 폭이 좁아지는 것을 주변에서 많이 본다. 이처럼 좁은 인간으로 살지 않으려면 내 주위의 직원들과 동료들에게 따뜻하게 대해야 하고, 진심으로 배려하는 문화가 필요하다. 즉, 좋은 태도가 그 조직의 활력소를 만들어 내고 성장과 발전의 원동력이 된다.

그날 주말에 김 대리와 지방 현장 출장 중에 있었던 잔잔한 감동의 스토리가 아직도 좋은 추억과 의미를 느끼게 해 주는 듯하다. 결국 회사도 기업도 모두 사람이 소중하며, 사람에 의해서 성장과 발전이 이루어진다는 것을 빨리 아는 리더가 발전하는 리더가 되리라 생각한다.

사람의 마음을 움직이는 재벌이 진정한 부자다

■ 대한민국 최고 재벌들이 모여 사는 한남동에서 최고급 주택의 현장소장으로 근무할 때, 정말 많은 것을 배우고 느끼게 되었다. 그들의 바쁜 생활과 라이프 스타일을 조금은 알게 되었고, 보통 사람들이 말하는 세속적인 이미지와는 전혀 다른 그들의 수준 높은 안목과 문화, 라이프 스타일을 약간이나마 접하면서 그것들을 건축에 잘 반영하려고 노력했었다.

내가 현장 소장으로 있었던 그 동네는 전통 재벌들이 대대로 사는 지역이 있고, 신흥 재벌들이 주변에 이웃이 되어 살았다. 그런데 신흥 재벌들은 전통적으로 내려오는 재벌의 범주에 들어가지 못하고, 거기서 관리하는 직원들 사이에서도 신흥 재벌들을 자기네 재벌보다 한 단계 낮게 여기는 경향이 있었다. 충분히 이해되는 것이 신흥 재벌들은 경영 위기가 도래하면 언제라도 재벌에서 밀려날 수 있기 때문이었다. 이처럼 보이지 않는 유리창 같은 분위기가 한남동에는 있다.

그렇다고 해서 또 모든 재벌이 일반인들 생각처럼 도도하고 상대하기가 쉽지 않은 그런 사람들은 절대 아니다. 오히려 내가 경험하기로는 더 따뜻하고 예의 바르며, 친절하고 배려심 많은 좋은 분들이었다. 다만, 세상 어디에나 있는 뭔가 손에 잡히지 않는 또 다른 경계와 범주가 대한민국 최고 재벌들이 모여 있다는 그 동네에도 마찬가지로 존재한다는 것을 느꼈을 뿐이었다.

사람의 마음을 움직이는 재벌

살아가면서 서로의 따뜻함을 느끼는 것은 너무나 소중한 일이다. 하물며 내가 속한 조직 또는 그룹의 어른이 생각지도 않게 배려해주고 챙겨주는 것을 느낄 때는 그 감동이 말로 표현하는 것 이상으로 깊게 느껴진다. 특히 한남동 집을 신축공사 할 때, 2주에 한 번씩 현장에서 일하는 근로자들을 위해서 간식을 챙겨 주어 너무나 감사한 마음으로 생활할 수 있었다. 공사를 하면서 격주로 회장님댁에서 전화가 와서 작업 인원과 적당한 간식의 종류에 대해 나에게 물어보는데, 그날의 근로자 수와 근로자들이 좋아하는 간식들, 예컨대 통닭, 족발, 순대 등, 또 여름에는 수박과 과일 등을 현장 근로자들에게 대접해 주셨다. 쉽사리 상상하지 못한 감사한 일이었다. 어느 재벌 오너가 현장의 근로자들을 위해서 그렇게 신경 쓰고 간식까지 격주마다 챙길 수 있을까?

정말 감동이 아닐 수가 없고 근로자들도 감사한 마음으로 일했던 기억이 인상 깊다.

백현동 정 부회장 집을 신축할 때도 건축주께서 자주 방문해서 공사의 진행 사항들을 같이 공유했고, 주변의 민원 등이 있었지만 이웃들과도 직접 만나시면서 서로 좋은 관계를 유지하며 잘 마무리할 수 있었다. 또 의사결정을 해야 할 사항들을 내가 수시로 찾아가서 허물없이 협의하면서 성공적으로 진행할 수 있었다. 백현동 주택을 준공하고 입주한 후에는 주택 공사에 투입한 직원들과 협력사 소장들을 모두 불러서 정 부회장이 직접 고마움을 표했다. 백현동 고깃집에서 저녁을 대접해 주시면서 공사하느라고 수고했다며 공사 참여자들에게 일일이 악수하고 회식을 같이하던 일은 잊을 수가 없다.

여동생이신 정 사장도 내가 보고할 일이 있어서 미팅할 때, 나에게 문 소장께서 오빠 집을 짓는 데 하자가 없도록 잘 지어 달라고 별도로 부탁하는 것을 보고 온 가족이 모두 따뜻한 마음을 가지고 있으며, 가족의 친근함과 서로에 대한 사랑을 지녔음을 옆에서 충분히 느낄 수 있었다. 보통은 돈 주고 공사하는 것으로 지나갈 수 있는 일이고, 또 그렇게 해도 그 누구도 불만을 이야기할 사항이 아니었다. 하지만 한남동 회장님 주택과 백현동 부회장님 집을 신축하면서 따뜻한 재벌의 깊은 마음을 느낄 수 있었고, 좋은 경험을 할 수 있어서 지금도 감사하게 생각한다.

따뜻한 부자의 좋은 결과

건축주의 따뜻한 마음을 느끼면서 공사를 꼼꼼하게 잘한 결과, 내 자랑 같지만 하자가 거의 없었다. 단독주택은 아파트 같은 공동주택보다 복잡하고 시공도 어려워서 실제로 누수와 결로 등 하자가 발생할 확률이 많다. 하지만 백현동이나 한남동 주택은 거의 완벽에 가깝게 시공하였고, 건축주도 만족하게 잘 살고 있다. 정말 감사한 일이다.

특히 한남동 집을 신축할 때의 일이다. 순조롭게 진행되다가 2층을 공사하던 중에 윗집에 사시는 모 회장님이 사전에 단 한마디도 없이 한강 조망권이 피해를 본다면서 공사중지 가처분 신청을 법원에 접수하였고, 그로 인해서 심지어 해당 사건이 TV 뉴스 등 언론까지 많이 노출되었다. 결론적으로 말하면 그 일로 지상 2층을 지상 한 개 층으로 변경하고, 실내 층고를 높이면서 잘 변경해서 공사를 하였다. 그랬더니 오히려 당초 계획보다 훨씬 더 좋은 결과를 만들어 낼 수 있었고, 건축주도 좋아하셨다. 이렇듯 좋은 마음과 따뜻한 배려가 많은 이들에게 선한 영향력으로 전파되고 긍정적 결과를 만들어 낼 수 있었다.

솔직히 재벌 회장님 집을 짓는 일은 쉽지 않았다. 디테일이나 마감의 수준이 보통 집과는 분명히 차이가 나도록 만들어야 하고, 해외 설계사와 계속적으로 디자인 미팅을 의논하면서 진행해야 했다. 나는 건축주 덕분에 대한민국에서 최고의 주택을 완벽하게 시공한 좋은 경험을 했다. 너무나 감사한 일이다. 터를

고를 때부터 토공사에서 골조 공사, 마감공사, 입주까지 나의 손길이 닿지 않은 곳이 없어서 솔직히 늘 애정이 가는 건축물이고, 그 마음은 오랫동안 갈 것으로 생각된다.

우리는 누구에게나 감사의 마음을 전하고 소중한 인연을 귀하게 여긴다. 나는 직장 생활 하면서 그룹 오너 집을 나의 땀과 노력으로 잘 마무리한 것에 대해서 늘 고맙게 느끼고 감사할 따름이다.

인사에 인색하지 말라

수고와 노력한 부분에 대한 표현과 감사의 인사는 사람으로 하여금 마음의 인정을 받고 있다는 느낌과 확신으로 좋은 감정을 일으키며 좋은 성과도 만들어 낸다. 어느 조직에서든 상대방의 마음을 알아준다는 것은 너무나 소중한 일이고, 특히 기업에서 윗사람이 인정해 주는 것은 더욱 사람의 마음을 움직이고 서로의 관계를 발전시킨다. 그냥 출퇴근만 하는 삶에서 서로의 상황을 이해하고 마음을 알아주는 따뜻한 조직으로 나아갈 때 좋은 성과와 결과가 도출되리라 확신한다. 내 집에 오는 손님을 대접하듯이 서로 인정하고 칭찬하는 문화를 만드는 리더가 되어야 하고, 따뜻한 재벌의 삶을 경험하면서 진정한 부자들이 하여야 할 사회적 역할을 생각해 본다.

좋은 태도는 성장과 발전의 핵심 요소

■ 사람은 사람들과 함께 살아야 한다. 서로 살아가면서 관계를 맺고 중요한 가치를 발견, 혹은 만들어 내면서 생활한다. 직장에서 좋은 관계를 유지하기 위해서는 무엇보다 서로 적이 안 되도록 하고 우호적으로 상대방을 대하여야 한다. 그렇게 좋은 관계를 맺기 위해서는 무엇보다 중요한 것이 태도이다. 좋은 태도는 살아가는 데 엄청난 경쟁력이 된다. 업무가 좀 부족하더라도 좋은 태도를 유지하면 그는 직장에서 나름의 좋은 평가를 받을 수 있다. 반면에 업무를 잘 처리한다고 하더라도 그 사람의 태도가 불량하면 그는 조직사회에서 도태될 확률이 크다. 이처럼 좋은 태도는 좋은 결과를 만들어낸다.

우리의 능력은 바꾸기가 쉽지 않지만, 태도는 우리의 마음을 어떻게 가지느냐에 따라 바꿀 수 있다. 즉 우리가 선택할 수 있는 것이다. 문제는 우리가 좋은 태도를 스스로 선택할 수 있다는 것을 잊어버린다는 점에 있다. 좋은 태도를 유지하고 발전해 나가는 것은 자신의 성장에 핵심 요소이다.

태도가 나를 성장시킨다

우리가 살아가면서 보여주는 모든 행동은 태도에서부터 출발한다. 긍정적인 사고와 좋은 에너지를 생성하고 주변에 좋은 영향력을 줄 수 있는 것도 태도에서부터 출발한다. 나는 신입 사원 때부터 주변에서 좋은 평가를 받아왔다. 솔직히 내가 업무가 뛰어나다거나 일을 추진력 있게 잘한다는 것은 아니었다. 단, 다른 직원보다 좀 더 잘한 것은 좀 더 일찍 출근하고, 주말에도 현장을 지켰으며, 선배나 발주처 감독관 등에게 예의 있게 대하면서 여러 군데서 일 잘한다는 평가를 받아 온 것이다. 결국은 태도가 주변 사람들의 좋은 평가를 불러왔다.

한 예로 건축회사 대리 시절에 대구 성서산업단지 내에 ㈜정안의 사옥과 공장을 신축했는데, 거기서도 성실하게 좋은 태도로 생활을 하다 보니 발주처의 회장이 나에게 그 회사로 오라면서 상무 자리를 주겠다고 제안하였다. 그 신축 현장에는 현장소장을 위시해 내 위의 과장도 몇 명 더 있었고 모두 열심히 일하는 사람들이었다. 하지만 발주처 회장은 나의 성실하고 좋은 태도를 보고 나에게 스카웃 제안을 하였던 것이고, 그 일이 주변에 알려지면서 나는 더욱 경쟁력 있는 사람으로 성장하였다.

대구 삼립산업 신축공사 현장에서도 그런 일이 있었다. 부지 면적이 2만 평이 넘는 현장에서 나는 반장과 같이 거리측정하는 레벨기를 가지고 건물 하나하나를 모두 체크하면서 성실하게 일하고 있었고, 발주처 회장이 정기적으로 현장을 방문했을 때 진행되는 사항과 앞으로의 계획 등을 잘 안내해 주었다. 그러면서 가끔씩 주말에 갑자기 방문했을 때도 충실하게 현장 사항을 안내하였다. 그러자 나에 대한 인식도 좋아지면서 그때 대리직급이던 나에게 더 좋은 직급과 연봉을 받도록 해 주겠다면서 스카우트 제의를 받았다. 그 회사도 중견 이상의 기업체였다.

이렇듯 문제는 자신에게 있다. 어떤 태도를 지니느냐가 그 사람의 인생을 좌우한다고 본다. 기본적으로 긍정적인 태도를 지녀야 한다. 긍정은 무조건 좋게 보는 것이 아니다. 현재의 현상과 문제점을 분석하고 파악해서 그것을 해결하는 능력이 긍정이다. 절대로 부정적이고 나쁜 태도를 취하면 안 된다. 나쁜 태도는 나쁜 마음으로 연결되며, 그 조직과 공동체에 바로 전파되기에 피해야 하는 것이다. 따라서 나쁜 마음과 나쁜 태도가 생길 때는 본인이 감사한 것들과 행복했던 것들을 생각하면서 빠르게 태도를 전환하는 자세가 중요하다.

강남구 신사동 대로변에 신축공사 소장으로 일을 한 조 소장의 사례를 들면, 그는 그 누구보다 친절하고 근면하면서 자기 일을 열심히 하는 직원이었다. 신사동 공사의 복잡한 사안들을 연세가 많으신 건축주에게 예의 있고, 친절하게, 잘 모시면서 처리하다 보니 건축주 어르신께서 자녀들을 데리고 와서 조 소장과 친하게 지내도록 함께 만나서 식사도 하였다. 그리고 서로 신뢰로 끈끈한 정을 나누면서 그 어려운 현장을 잘 마무리할 수 있었다. 지금 생각해도 조 소장의 친절하고 진실한 배려 정신이 아니었으면 쉽게 공사가 진행되기 힘든 사항이었는데, 그의 좋은 태도로 프로젝트를 성공적으로 만들 수 있었다.

인생의 장애물은 좋은 태도로 극복한다

누구나 열심히 살고 성실하게 생활한다. 그런데도 대부분이 일하면서 장애와 역경을 만난다. 문제는 늘 발생하기 마련이고 문제가 없는 인생은 없다. 다만, 문제가 발생했을 때 긍정적인 태도를 보이느냐 부정적인 태도를 보이느냐에 따라 결과는 엄청나게 달라진다. 긍정적인 태도를 가진 사람은 무엇이든지 할 수 있다는 자세로 늘 당당하게 문제를 해결하면서 주변의 도움과 아이디어를 공유하고, 마음을 잘 관리하면서 하나하나 일을 해결해 나간다. 그렇게 진행하다 보면 주변에서도 도움의 손길을 더하고 힘들지 않게 일을 해결할 수 있다. 스타필드 부천 신축공사 현장의 박 소장도 좋은 태도의 소유자였다. 대규모 프로젝트 공사 때 가장 어렵고 힘든 일들은 바로 준공검사 허가를 받을 때이다. 집중에 집중을 해서 문제들을 해결해야 하기 때문에 많은 에너지가 소모되고 엄청난 스트레스를 받는다. 하지만 스타필드 부천 현장의 박 소장은 예의 바른 좋은 태도로 미리미리 챙길 수 있는 사항들을 안내해 주었다. 또 담당 공무원들 역시 박 소장의 좋은 태도를 칭찬하면서 준공 허가도 잘 마무리해주었다. 이렇듯이 좋은 태도는 좋은 결과를 만들어낸다.

반면 부정적인 사람은 능력이 있어도 문제가 발생하면 힘들어하고 피하면서 일을 해결하려고 하지 않는다. 그리고 주변에 늘 부정적인 시각으로 악영향을 끼친다. 따라서 우리는 무엇보다 긍정적인 태도를 지녀야 한다. 긍정의 태도는 일하게 만들고, 아이디어가 있으면 바로 실행에 옮기며, 적극적으로 문제를 해결하도록 돕는다. 따라서 긍정의 태도가 나비효과를 만들어서 팀과 조직, 공동체가 성장하고 발전하게 된다.

나는 성경에 나오는 요셉을 좋아한다. 아버지의 사랑을 많이 받았지만 이복형들에 의해서 이집트에 노예로 팔려 가 생각지도 못한 고초를 당하였다. 그럼에도 불구하고 성실하고 근면하게 살아온 결과 이집트의 재상이 되었고, 나라의 위기까지도 잘 극복하였다. 이를 보면서 요셉과 같은 긍정적인 생활과 삶의 태도가 얼마나 중요한지 느끼게 된다. 고금을 막론하고 좋은 태도는 개인과 조직의 성장과 발전에 가장 중요한 요소라는 점을 새삼 깨닫게 된다.

행복한 중년을 위해
부자의 4가지 조건을 알자

■ 열심히 일한다고 해서 모두가 부자가 된다는 보장은 없다. 솔직히 말해서 열심히 일 안 하는 사람은 거의 없다. 정상적인 사람이라면 각자가 주어진 업무에 최선을 다하면서 가족을 부양하고 열심히 살았다. 열심히 사시는 아버지들에게는 일단 칭찬과 찬사를 보내고 볼 일이다. 하지만 이른 아침부터 늦은 시간까지 열심히 살았으면 모두 부자가 되어야 하는데, 현실은 점점 더 팍팍한 삶이 되어가는 것이 참 아이러니이다.

원인은 우리가 부자가 되는 공부를 한 적이 없기 때문이다. 그러면 어떻게 해야 지금보다 비슷하거나 좀 더 나은 삶을 살 수 있을까?

내가 생각하기에, 행복한 중년기 이후 부자의 조건 4가지를 갖추면 장수 시대에 좀 더 나은 생활을 영위할 수 있으리라 생각된다. 모두가 70대, 80대에도 건강하게 활기차게 왕성하게 생활하기를 바라는 마음에서 다음 4가지 조건을 소개해 본다.

건강 자산

우리는 젊었을 때 자신의 성장과 발전을 위하여 밤낮 가리지 않고 열심히 일한다. 애당초 우리나라는 열심히 일하지 않으면 도태될 수밖에 없는 사회적인 구조를 지니기도 했다. 그러다 보니 대부분 직장인과 사업하시는 분들이 본인의 건강을 해치면서까지 열심히 가족을 위해서 일한다. 나 또한 그랬다.

그렇게 살다가 50대가 되면 내 몸 여기저기서 이상 신호가 나타나기 마련이다. 이때 면역력이 약한 사람들은 감기를 앓기 시작하고, 비염, 아토피 등 알레르기가 더 두드러지기 시작하면서 혈관 질환들까지 발생하기 시작한다. 몸에 증상이 나타나는 것은 보살피라는 의미, 몸 관리를 해 달라는 의미이다. 병이 되어 병원에 가서 치료하는 것보다는 미리 예방하는 것이 상책이다.

먼저 직장인들은 담배부터 끊어야 한다. 임원이 담배를 피우면 그 밑의 팀장 등이 따라서 피우는 경향이 있다. 아무래도 밖에서 담배를 피우면서 업무 얘기도 나누는 등 분명히 장점도 있을 것이다. 하지만 건강자산 측면에서는 임원, 대표부터 담배를 끊어야 한다. 그것이 직원들의 건강에도 도움을 주는 것이고 좋은 일이다.

나는 건설회사에 다니면서 회식도 많았고, 술자리도 많았다.

지금은 문화가 많이 달라졌지만, 예전에는 상사가 가자면 어쩔 수 없이 따라가서 늦게까지 회식하고 다음 날 새벽에 출근하는 일이 많았다. 항상 몸이 피곤한 상태에서 생활한 것이다. 이제는 주52 시간도 적용되면서 문화가 많이 달라졌다. 무엇보다 중요한 것은 건강에 대한 공부를 하고 지식을 가져야 한다는 점이다. 내 몸을 의사나 약사가 지켜주지 않는다. 본인 스스로가 건강에 대한 지식을 배우고 건강을 챙겨야 노년까지 건강하게 삶을 영위할 수 있다.

덧붙여 직장에 다니는 후배들에게 꼭 말하고 싶은 것은 "내가 먹는 것이 내 몸이 된다"는 사실이다. 내가 먹는 것이 내 피가 되고 살이 된다. 그 피가 탁해져서 혈관의 압력이 올라가면 고혈압이, 혈액 속에 지방이 많아지면 고지혈증이, 혈관이 딱딱해지면 동맥경화가, 뇌혈관이 막히면 뇌경색이 된다. 결국은 좋은 음식을 잘 먹고 운동하면서 바른생활을 하면 건강을 유지하면서 살 수 있다.

매력 자산

요즘은 잘난 사람보다 매력 있는 사람이 더 인정받는 시대다. 돈을 투자해서 외모를 가꾸라는 것은 아니다. 단지 우리가 지켜야 할 품위와 기본만 잘 지켜도 자신을 매력이 있는 사람으로 만들 수 있다는 점이다.

스스로를 매력 있게 만드는 몇 가지를 소개해 보겠다.

첫째, 잘 웃어줄 때, 실없이 계속 웃는 것보다 미소 짓는 모습, 미소를 머금고 있는 사람에게 호감이 간다.

둘째, 세심한 사람, 주변 사람들의 사소한 것을 기억해서 챙기는 자상함이다. 세심한 사람은 어딜 가나 인기 있다.

셋째, 예의 바른 사람이다. 문 열 때 뒤에 들어오는 사람들을 위해서 문을 잡아주고 있거나, 자리를 양보하거나, 사소하지만 인사를 잘하는 모습에 호감이 간다.

넷째, 설명을 잘해 줄 때, 아는 척 하는 게 아니라 조곤조곤 친절하게 설명을 잘해줄 때, 상대방 말을 잘 들어줄 때 호감도가 상승한다.

이외에도 다양한 요소가 있을 것이며, 평소 자신의 모습을 돌아보며 매력이 넘치는 사람이 되도록 노력하면 주변, 이웃과 건강한 커뮤니티를 형성하여 행복하게 살아갈 수 있다.

경제 자산

장수 시대가 되면서 무엇보다 중요한 것은 노후에도 큰 어려움 없이 살아갈 수 있는 지속적인 소득이 있어야 한다는 점이다. 하지만 대부분은 직장에서 퇴직과 동시에 힘겹게 생활비를 줄이면서 살아가는 것이 현실이다. 노동 소득도 그 무엇보다 중요하지만 잘 모아서 임대소득 또는 자산소득이 나올 수 있는 시스템을 구축하는 것이 중요하다.

현재 나이가 많든 적든 간에 차분하게 실물 경제를 공부하면서 부동산이나 자산에 관심을 가지며 좋은 기회가 오면 그때 좋은 투자를 해야 한다. 좋은 투자를 하지 않고 직장인이 부자가 되는 경우는 부모로부터 엄청난 재산을 상속받지 않는 한 없을 것이다. 지금은 차분하게 공부할 때이다.

친구 자산

건강하고 돈이 있으며 매력이 넘친다 해도 주변에 친구가 없으면 외롭고 힘든 삶을 살 수밖에 없다. 사람은 관계 속에서 성장하고 관계 안에서 에너지를 얻는다. 좋은 친구 자산을 만들기 위해서는 내가 먼저 움직이고, 행동해야 하며, 기다려 주기도 해야 한다. 세상 살아가면서 좋은 친구가 있다는 것은 큰 축복이며 살아가는 데 큰 위안이 된다. 일단 좋은 친구가 된다는 것은 친구의 일에 몸과 마음을 동시에 반응하는 것이다. 정말 나를 위해서 몸과 마음을 함께 나눈다는 것은 쉽지 않은 일이다. 그리고 자주 만나고 같이 오랜 기간 일을 했어도 좋은 추억이 없으면 친구가 되기 어렵다. 좋은 추억을 만들기 위해서는 그 사람에게 관심을 가져야 한다. 먼저 내가 마음을 오픈하고 친구를 위할 때 시간이 지나면서 좋은 친구로 발전한다.

모두들 중년기 이후에 부자가 되기 위한 위의 4가지 조건을 잘 숙지하여 인생의 후반부를 풍요롭게 잘 살기를 바라는 마음이다.

조직을 발전시키는 것은 비판자가 아니라 대안자다

■ 직장 생활 팀장급 이상이 되면 실무보다는 기획이나 관리업무를 하게 된다. 나도 반 정도는 실무적인 일보다 팀을 관리하고 동료 직원의 일을 독려하는 리더 역할을 했다. 현장소장을 하면서는 더더욱 전체 그림을 그리고 방향을 잡아주는 역할을 담당하느라 실질적으로 책상에 앉아서 몇 시간 동안 리포트를 작성하는 등의 일은 할 수 없는 환경이었다. 그러다 보니 노트북 위에서 작업을 해야 할 일은 거의 없었고, 지시와 검토 위주의 업무를 계속하면서 컴퓨터를 만지는 일이 줄어들었다.

내심 혹시라도 회사에서 퇴임하게 되면 기본적으로 파워포인트 정도는 잘해야 하는데, 업무에서 직접 서류 작성을 할 일이 너무나 없어서 조금은 걱정하다가 시간이 지났다. 대부분 대기업이 다 그렇지만, 나는 회사의 업무에 충실했고, 회사를 나갈 수 있다고는 전혀 생각하지 않았다. 그룹으로부터 퇴임을 통보받던 날에도 회사의 프로젝트직 현장 채용 비정규직 사원을 정규직으로 승진시키기 위해 하루 종일 면접을 진행했다. 정규직으로 승진하면 더 나은 자세와 애사심으로 회사의 성장과 발전에 능력을 발휘할 수 있도록 당부하였고, 직원들도 감사한 표정과 기쁜 마음으로 면접을 보았다.

솔직히 말해 승진 대상자 중에서 회사의 규정과 전통을 적용하면 정규직 승진에 해당되지 않는 직원들이 몇 명이나 있었고, 관리부서나 해당 부서 임원들은 이를 당연하게 생각하고 있었다. 현장 채용직들은 전문대 졸업에 나이 40 이상 되면 아무리 일을 잘해도 정규직 승진 대상자에서 제외되게 마련이었다. 하지만 나는 나이가 들었어도 일 잘하는 현장 채용직 관리자들을 정규직으로 승진시켜야 현장에 있는 비정규직 직원들도 열심히 일하면 정규직으로 올라가 더 좋은 조건에서 일할 수 있다는 동기부여가 된다고 강조했다. 그리고 나의 강한 주장에 덕분에 전문대학 졸업한 직원, 40대 이상 직원도 정규직으로 승진할 수 있었다.

숨은 영웅들

어느 조직이나 회사를 막론하고 남모르게 묵묵히 자신의 주어진 일 하면서 살아가는 이들이 많다. 그들이 있기에 사회가 유지되고 회사나 조직이 작동되며 선순환으로 돌아갈 수 있다. 조직의 리더는 음지에서 자기에게 주어진 역할 이상으로 열심히 일하는 그런 사람들에게 더 좋은 기회를 주고 배려를 해야 한다고 생각한다.

내가 일하던 회사에서도 마찬가지였다. 전국에 150개의 이마트가 세워지기까지는 각자의 위치에서 맡은 바 노력을 다한 많은 사람들의 수고가 있었다. 발주처에서는 돈과 시간을 주고 언제까지 오픈할 수 있는지 일정을 잡은 다음 거기에 맞추어서 계약을 한다. 그러면 본격적으로 일이 시작되면서 설계변경과 변경 인허가까지 진행되어 공사에 착수한다. 이 과정에서 수십 개가 넘는 협력업체와 수백 명 이상의 근로자들이 호흡을 같이하면서 일을 진행하는데, 중간에서 생각지도 못한 사건들이 발생하고 그것을 해결하는 일이 연속적으로 벌어진다.

그렇게 약 20년 정도 일하다 보니 진짜 숨어서 열심히 일하는 협력사 직원들과 근로자들, 그리고 우리 직원들이 눈에 들어왔다. 그들이 진정한 영웅이다. 그들은 많은 이마트 건축 공사에 참여했기 때문에 다년간의 경험이 쌓여 우리 현장 직원보다 일에 대해서 더 많이 알고 있고, 그들이 참여한 현장은 하자도 훨씬 적었다. 그리고 일을 마치고 모두가 가버린 어두운 밤에 혼자서 지키시는 경비아저씨, 하던 일이 남아서 다음날 작업하는 팀에게 조금이라도 피해가 없게 하려고 늦게까지 홀로 일하는 근로자, 이런 사람들이 조용하게 주어진 일들을 잘 처리해 주었기에 이 사회는 선순환으로 돌아가고 있는 것이다.

기업이 이런 숨은 영웅들을 존중하고 배려하는 문화가 살아날 때 분명히 발전하고 성장한다고 확신한다. 묵묵히 혼자서 자기의 할 일에 최선을 다하던 그들의 얼굴이 아직도 생생하다. 정말 그들이 숨은 영웅이고 대접을 받아야 할 소중한 사람들이다.

비판자가 아닌 대안자가 되자

나치 치하에서 여론 조종의 역할을 담당했던 요제프 괴벨스의 대중 선동 방식은 생각보다 단순했다. 정적을 먼저 비난하고 비판하는 것이다. 프레임을 만들어 가두고 매장하는 그 대중 선동법의 족쇄에서 벗어나기 위해, 모함을 받는 상대는 결백을 위해 많은 것을 입증해야 한다. 시간과 노력을 들인 후 결백이 증명되었을 때, 선동가는 이미 원하는 것을 얻었고, 대중은 모든 것을 잊은 다음일 뿐이다.

사회나 직장을 막론하고 사람이 모이는 곳은 일을 만드는 사람과 비판만 하는 사람으로 나뉜다. 이 사회는 비판을 하기에 너무나 쉬운 구조로 되어 있다. 마치 비판 잘하는 사람이 유능하며, 묵묵히 자신의 주어진 일을 만들어 가는 사람들은 좀 뒤처진 듯한 분위기이다.

요즘 종편 채널을 보면 나름의 전문가들, 교수들이 나와서 하는 말들의 80% 이상은 비판적인 이야기들이다. 하지만 결국 이 사회는 무엇인가를 만드는 사람들에 의해서 성장하고 발전한다고 생각된다. 우리는 현상이 아니라 본질을 보는 힘을 키워야 한다. 맞닥뜨린 문제 앞에서 항상 막막하고 두렵지만, 도전하고 실행하면서 해결책을 만들어 가는 사람들이 존중받아야 한다. 세상은 날카롭게 날을 세우고 비판거리를 찾는 사람들이 아니라, 묵묵히 자기 자리에서 본분을 다하는 사람들이 바꾼다. 부드러움이 강함을 이기고, 유연함이 경직됨을 이긴다.

현장에 있을 때 손님들이 와서 하는 말 중에 "소장님 현장은 현장 같은 느낌이 안나요"라는 말을 많이 들었다. 나는 현장에 방문하는 한 사람 한 사람이 우리의 고객임을 직원들에게 교육했다. 입구에서부터 손님이 오시면 편안하게 대접받는 듯한 기분을 느낄 수 있도록 관리했다. 보통은 현장이라고 하면 딱딱한 분위기에 위험이 도사리고 있을 것 같은 느낌이 연상되는데, 우리는 이를 모두에게 친근하고 따뜻한 분위기로 만들어 갔다. 그러다 보니 노동부나 안전관리공단, 시청, 구청 등 외부 점검기관에서 점검과 방문 등 여러 목적으로 현장에 오면 먼저 깨끗한 환경과 따뜻한 직원들의 안내로 마음이 편안해지고, 지적보다는 교육적으로 더 좋게 하려는 분위기가 되었다.

이처럼 우리는 살아가면서 대상에 대해 비판하기보다는 무언가를 선하게 만들면서 사회가 발전하고 좋아지는 데 나름의 역할을 해야 할 것이다. 아무리 급변하는 세상일지라도 누구나 할 수 있는 비판보다는 본질을 추구하면서 만들어 가는 사람들이 많을 때, 이 사회는 더 발전하고 성숙해 지리라 믿는다.

6장

후반전에 잘 뛰어야
인생 경기의
승자가 된다

오래 건강하게 살아남은 자가 승리한다

■ 요즘 주변에 의외로 몸이 아파서 힘들어하는 동료들을 가끔 만나게 된다. 젊은 나이임에도 불구하고 고혈압약, 당뇨약 등을 먹는 지인들도 만나고, 심장질환으로 스텐트 시술을 해서 스텐트를 6개나 삽입한 가까운 지인도 있다. 중견 회사의 부회장으로 일하고 있는데, 40년 넘는 기간 동안 한 회사에서 최고의 위치까지 올라갔지만, 지금은 건강이 많이 안 좋아진 것이다. 돌연사의 90%는 심장 때문이고, 그중 60%는 병원에 도착하기 전에 사망한다고 한다.

나는 살아가면서 가장 중요한 것은 무엇보다 본인의 건강이라고 생각한다. 세월이 가면 갈수록 장수 시대로 접어드는데, 건강이 유지되지 못하면서 오래 사는 것은 축복이 아니고 엄청난 고통이다. 전국의 요양원이 3,000개가 넘으며 요양병원이 1,582개

(2022년 7월 기준)라고 한다. 2016~2020년 복지부 '국민보건의료실태조사' 결과에 따르면 인구 대비 병상 수는 OECD 평균의 3배에 달한다. 나의 아버지는 94세까지 사시면서 병치레가 별로 없으셨고, 90세가 넘어서도 자전거로 동네 나들이 다니시면서 건강하게 사셨다. 그리고 감기 앓듯 3일 정도 누워 계시다가 운명하셨다. 평소 자녀들에게 민폐 끼치지 않고 이틀 정도 감기로 아프다가 하늘나라에 가야 한다면서 건강을 관리하셨다. 나 또한 그렇게 사는 것이 인생의 중요한 목표이다.

건강의 핵심 요소를 알자

하지만 오늘부터 건강하게 살아야겠다고 다짐한다고 해서 바로 건강해지는 것은 아니다. 오랫동안 잘못된 습관들이 누적되어 여기저기 아픈 곳이 생기다가 병으로 악화되는 것이다.

세계보건기구(WHO)에 따르면 건강의 4대 요소는 음식, 수면, 운동, 긍정 마인드이다. 이 4가지만 잘 지켜도 건강하게 장수를 영위할 수 있다는 말이다. 이에 대해 간략히 언급해보겠다.

첫째, 음식이다. 우리가 살아가면서 가장 많이 먹는 것이 무엇일까. 내가 생각하기에는 공기이다. 공기는 우리가 항상 들이쉬지만, 너무나 흔하고 어디에나 있기 때문에 그 중요성을 잊고 살아간다. 하지만 코로나 직전의 서울의 하늘과 대기를 생각해 보면 신선한 공기의 중요성을 느낄 수 있다. 공기 중에는 2.5㎛ 이하의 입자를 가진 초미세 먼지가 많은데, 피부를 통과해 체내에 직접 침투하여 면역반응을 일으켜 체내 염증을 유발한다. 이 염증 반응이 우리 건강에 치명적일 수 있다고 한다. 그리고 OECD 국가 중 초미세먼지 농도가 가장 높은 1위 국가가 대한민국이다. 그만큼 우리나라가 대기오염이 심하다는 것이다. 오죽하면 과거에는 김치냉장고가 혼수였다면, 지금은 공기 청정기가 필수가 되었을까? 따라서 초미세먼지가 개인 건강에 미치는 영향과 미세먼지 피해를 예방하기 위해서 원인 제거와, 외출 자제, 마스크 착용, 적절한 환기 등을 통해 각자 지혜롭게 생활해야 한다.

한편 음식 중 두 번째로 많이 먹는 것은 물이다. 우리 몸을 차지하고 있는 물은 약 70%나 된다. 내가 생각하기에는 물만 잘 마셔도 질병의 상당수는 줄일 수 있다. 미국 뉴욕주립대 주기환 박사의 물 강의를 들으면 몸속의 물이 부족으로 인해 만성 변비를 비롯해 체내 노폐물이 발생한다고 한다. 이 노폐물을 밖으로 배출하는 것도 약이 아니고 물이라고 한다. 게다가 몸속 이산화탄소 등 각종 노폐물을 제거할 수 있는 물질도 오직 물뿐이다. 또 몸속 면역세포를 움직이도록 하는 것도 물이라고 한다. 따라서 물을 하루에 1.8~2ℓ는 마셔야 한단다. 하지만 같은 액체라도 맥주, 콜라, 커피 등은 오히려 체내 수분을 탈수시킨다. 순수한 물을 마셔야 한다. 또한 마시는 물에 따라 몸에 미치는 영향이 다르므로 이에 대해서도 저마다 공부를 할 필요가 있다.

둘째, 수면이다. 현대인에게 꼭 필요한 건강 자산이 좋은 잠이다. 우리의 일상생활에서 1/3을 차지하는 수면은 생존에 꼭 필요한 행위이며, 수면이 불안정할 경우 삶의 질이 떨어지고 다음날 활동에도 지장이 있다. 수면이 좋게 유지되어야 나머지 삶이 활기차고 건강하게 생활할 수가 있다.

사람은 잠을 자는 동안 신체 회복, 호르몬 분비, 기억저장 등의 기능을 회복한다. 성장 호르몬은 성장기의 아동, 청소년의 성장과 발달에 도움을 주고, 중장년기에는 손상된 세포를 복구하며, 피로 해소와 신체 회복을 도와 노화를 늦출 수 있다. 따라서 좋은 잠을 자기 위해서는 적절한 수면 온도를 유지하며 소음이 없도록 하고, 암막커튼 설치, 좋은 베개, 좋은 이불, 소리나지 않는 침대, 어두운 조도 유지 등 다양한 아이디어를 내어서 좋은 잠을 잘 수 있도록 관리해야 한다.

셋째, 운동은 일주일에 3회 정도, 30분 이상 걷기 등 유산소와 근력 운동을 꾸준하게 하는 것이 중요하다. 나도 매일 사무실까지 왕복 40분 정도를 걷는데, 걸으면서 몸도 마음도 상쾌해지고 많은 생각과 아이디어가 나온다.

넷째, 긍정 마인드이다. 사람은 좋은 생각만 가져도 신진대사 활동이 좋아진다고 한다. 건강하고, 행복한 삶에 긍정 마인드는 필수 조건이다. 성공, 건강, 행복의 비결을 말하는 서적들을 보면 모두 하나같이 긍정 마인드를 필수요소로 꼽는다. 부정적인 마인드는 몸속을 스트레스 상태로 몰아 면역세포 활동을 위축시켜 건강에도 부정적인 영향을 미친다. 따라서 우리는 스스로 긍정의 마인드를 지녀 더욱 건강하고 풍요로운 삶을 살도록 해야겠다.

또한 중년 이후에는 경제력이 건강과도 연결이 된다. 꼭 돈이 있어야 건강하다는 말은 아니다. 직장을 은퇴하고 중년 이후에 여행도 다니며, 봉사와 취미생활을 하면서 사회활동을 꾸준하게 하는 것도 분명히 건강에 도움이 된다. 무엇보다 기초체력이 중요하다. 노년에 움직일 수 없으면 어떤 일도 못한다. 따라서 오랫동안 건강한 사람이 최후의 승리자이다.

후반기 인생, 건강한 자가 이기는 자다

나는 요즘 70대 지인들을 종종 만난다. 그들이 하는 말의 공통점은 예전 현역 시절에 아무리 잘 나가던 사람들도 중반기 이후에 건강이 약해지면 힘들어지는 삶을 살 수밖에 없다는 것이다. 은행장, 교수, 공기업 사장 등으로 화려한 전성기를 보냈음에도 건강 악화에 따라 사회생활이 둔해지는 것을 보면서 나도 아직 건강할 때 몸을 더 챙겨야겠다고 다짐하게 된다.

좋은 건강 루틴으로 94세까지 사시고 하늘나라에 가신 나의 아버지께서는 노년에 자녀에게 피해가 안 되는 삶을 살겠다고 늘 말씀하셨다. 나도 아버지처럼 건강 유지를 잘하면서 아들과 후손에게 조금의 부담을 주지 않으며 축복 속에서 하늘나라에 가야겠다고 늘 생각하면서 살고 있다. 영적으로나 육체적으로나 늘 건강이 유지되도록 노력을 해야 한다. 60대 이후에는 담배부터 금연해야 한다. 술도 줄이고 좋은 공기, 좋은 물, 좋은 음식

그리고 친구들과 긍정의 마인드로 늘 활기차게 생활하는 인생이 되도록 스스로를 관리해야 한다. 후반기 인생을 요양원에 안 가고, 집에서 건강하게 살면서 자녀들과 주변에 선한 영향력을 주는 멋진 삶을 살기 위해서는 건강의 4대 요소를 잘 관리하여야 할 것이다.

운동은 생존에 필수다

■ 내가 생각하는 잘 사는 삶은 단순히 '오래' 사는 것이 아니라, 건강하게 좋은 관계를 '오래 유지'하는 것이다. 사람의 몸은 수많은 세포로 구성되어 있는데, 생명을 유지하고 건강을 유지하기 위해서는 운동이 필수 요건이다. 규칙적인 운동을 하면 두통, 스트레스, 변비, 관절염, 불면증, 소화기 장애 등이 확실히 개선되며, 심장질환에도 효과가 있다고 한다. 생각보다 더 경이로운 효과를 내는 것이 운동이고, 운동은 우리가 고용할 수 있는 최고의 의사이다. 우리의 삶의 질을 높이기 위해 규칙적인 운동을 꾸준히 하면서 여러 가지의 좋은 영향과 에너지를 만들 수 있다.

나는 직장에서도 점심시간을 이용해서 밥을 일찍 먹고 남산을 약 30분 정도는 늘 걸으면서 건강 관리를 했다. 지금도 집에서 스마트 자전거로 매일 10㎞ 이상 자전거를 탄다. 메타버스를 이용해서 지인들과 함께 웹 화면에서 만나서 일주일에 한 번씩 함께 실내 자전거 라이딩을 하면서 서로의 안부도 묻고 좋은 정보도 공유하는 시간을 가질 수 있으며, 기상에 관계 없이 더 자주 탈 수 있어서 개인적으로 운동에 긍정의 효과를 낼 수 있다.

근육이 줄어들면 건강수명도 함께 줄어든다

우리 몸의 근육은 생각보다 다양한 역할을 한다. 뼈를 보호하고 체형을 유지하며 장기 기능에도 근육이 관여하고 있다. 혈액을 전신으로 보내는 심장의 수축과 이완을 관장하는 것도 근육이고, 소화기관이나 내장기관의 연동 운동을 촉진하는 것도 근육이다. 따라서 근육은 몸 전체를 움직이는 동력과 같다. 근육이 빠지면 운동 능력 및 장기의 기능도 저하된다. 이처럼 근육 관리가 우리 몸 건강과 수명에 큰 영향을 준다. 근본적으로 몸은 근육이 없으면 아무런 운동도 할 수 없다. 걷기와 같은 이동뿐 아니라 신체 움직임의 대부분을 근육이 좌우한다.

신체는 20대에 근육량의 정점을 찍고 30대부터 매년 1%씩 줄어들며 대신 지방이 많아진다고 한다. 따라서 한 해에 1%씩 자연 감소해 90세가 되면 20대에 가졌던 근육의 절반 정도만 남는다. 나 또한 긴 다리에 허벅지가 너무 왜소하게 보인다며 아내가 허벅지 근육을 키워 보라고 하는데, 정말 쉽지 않은 게 현실이다. 그래서 근육을 키우고 미용과 건강에도 도움이 되는 단백질을 꾸준하게 섭취하면서 운동을 한다.

근력이 약해진 뒤에 얇아진 팔과 다리 근육을 챙길 요량으로 근육 관리를 하면 이미 늦었다고 한다. 근육이 가장 많을 때부터 미리미리 축적해 둬야 근육이 줄어들어도 걱정 없는 노후를 맞이할 수 있다. 근육과 근력을 위한 운동은 자신에게 적합한 중량으로 정확한 자세를 통해 반복하는 게 중요하다. 무조건 중량을 무겁게 해서 운동하는 것은 효과적이지 않다. 오히려 부상의 위험이 있다. 운동도 밥 먹듯이 매일 시간을 만들어서 꾸준하게 하는 것이 중요하다.

꾸준함이 핵심이다

보통 혼자서 운동하면 쉽게 포기하는 경우가 많다. 나도 헬스장에 가서 혼자서 운동하는 것이 힘들 때가 많다. 30분 운동하기가 지겹고, 그만하고 싶은 생각이 자주 일어난다. 하지만 지겹고 힘들다고 해서 운동을 하지 않으면 중·장년기에는 몸의 변화로 여러 가지의 어려움에 직면하게 된다. 따라서 운동은 선택이 아니고 필수 사항이다.

내 가까운 지인은 사업을 하는데 수년 전에 회사에 세무조사 등 어려운 일들이 많이 생겨서 심한 우울증 증세로 일상생활에 지장이 생겼다. 그러다가 몇 년 전부터 회사에서 퇴근하면 집 가까이에 있는 남한산성을 매일 등산을 하기로 결심했다. 지금도 거의 매일 산에 올라가는데, 그렇게 꾸준하게 등산을 하면서 현재는 몸의 건강도 되찾고 정신적으로도 건강한 상태를 유지하고 있다. 나도 두 번 정도 남한산성에 같이 올라갔는데, 정말 운동도 되면서 자연 속에서 신선한 공기를 마시며 꾸준하게 등산하다 보니 그의 몸이 완전하게 회복되는 것을 보았다. 너무나 잘한 그만의 의사결정이고 루틴이다. 요즘도 그는 비가 오나 눈이 오나 거의 매일 산에 올라간다.

결국에는 본인의 의지와 실행에 따라 건강한 사람과 아픈 사람으로 나누어진다고 해도 무리는 아니다. 젊어서 운동도 안 하고 술 담배 많이 하며, 불규칙한 생활로 방탕하면서 살다가 중반기 이후가 되면 여기저기 아프고 주변의 식구들을 힘들게 하며 본인도 건강 문제로 힘들어진다. 젊음의 결과는 노년에 분명히 나타난다. 기본적으로 내 건강과 내 몸은 주변에 피해를 주지 않도록 내가 잘 관리하고 노력해야 한다.

나는 항상 누구보다 날씬한 몸을 유지하고 있고 피부 또한 주변에서 얼굴에 광채가 난다고 한다. 나의 루틴은 아침에 일어나서 물을 마시고, 가볍게 스트레칭하며, 신문 핵심 기사만 본 다음 간단하게 식사 후, 책 좀 읽고 강아지랑 산책한 뒤 사무실로 걸어서 출근하는 것이다. 저녁에는 지인들과 미팅이 없으면 집에 와서 식사 후에 스마트 자전거를 하루에 10㎞ 이상 꾸준하게 타고 있다. 대구에서 대규모 현장 책임자로 있으면서 바쁜 시간 중에도 내가 체력을 유지하는 데 가장 큰 도움을 준 운동이 스피닝이었다. 약 20분만 타도 온몸에 땀이 나고 스트레스를 풀 수가 있었다. 그래서 실내자전거 스피닝은 나처럼 바쁘게 생활하는 사람에게는 최고의 유산소 운동과 근육 운동이 될 수 있다.

이마저 쉽지 않은 사람은 걷는 것을 추천하고 싶다. 걷기 운동을 단순히 저강도 유산소 운동으로 생각하는 사람들이 많지만, 걷기가 전신에 미치는 긍정적 영향은 생각보다 다양하다. 근력 강화에 도움을 주고, 하루 30분 이상 꾸준하게 걸으면 고혈압 조절과 콜레스테롤 수치 조절 효과가 있다. 또 골다공증 예방에도 효과적이며 낮에 야외에서 걸으면 뼈 건강에 필수적인 비타민D 생성이 늘어나 골밀도가 증가한다. 게다가 족저근막염을 앓고 있는 환자에게도 도움이 된다고 한다. 나는 퇴근시에 지하철 두 정거장 정도 전에 내려 걸어서 집으로 퇴근을 한다. 운전기사가 있었을 때도 지정된 장소보다 20분 정도 먼저 내려서 만나는 장소까지 걸어가서 미팅하였고, 걸으면서 많은 아이디어를 도출했다.

요즘은 모든 사람들이 여유가 없이 바쁘게 생활하는데, 이처럼 나에게 맞는 운동 루틴을 꾸준하게 실행해서 건강하고 생기있는, 활기가 넘치는 삶을 살기를 바라는 마음이다.

돈으로 살 수 있는 것은 비싼 피트니스 회원권뿐이다

■ 돈이 있다고 해서 건강한 것은 아니다. 하지만 돈을 잘 활용해서 건강을 챙기는 것은 삶에 지혜로운 일이다. 아무리 다짐을 하고 비싼 피트니스 회원권을 결제해도 본인이 안 나가고 안 하면 의미 없다. 나는 한남동 재벌들이 모여서 사는 동네에서 수년간 일하면서 재벌들이 일반 시민들과 다른 점 두 가지를 발견했다.

첫째, 운동을 열심히 한다. 집집마다 업무를 본 다음 운동시간을 만들어 집에서 전문가의 도움을 받으면서 건강을 유지하기 위해서 열심히 운동하는 것을 느꼈다. 충분히 이해되는 사항이다. 대기업 경영주는 엄청난 이슈를 불러오는 동시에 매우 큰 리스크 지닌 의사결정을 하며, 여기에는 많은 에너지가 소요된다. 그런 큰 조직을 이끌어 가려면 무엇보다 체력이 강해야 한다.

둘째, 좋은 건강식품을 많이 먹고 있다. 한남동에서 공사할 때 지반이 암반이기 때문에 토목 공사 시 소음과 진동이 심해서 현장소장으로서 민원관리를 위해서 민원인들을 만나서 이야기를 나누게 되었다. 그때마다 느끼는 것은 그들이 한결같이 좋은 건강식품을 먹는다는 점이었다. 이처럼 내가 생각하는 일반인과 최상류층과의 차이 두 가지는 '매일 꾸준한 운동'과 '좋은 건강식품 섭취'이다. 내가 다니던 회사에서 아침에 의학 전문기자로 유명한 홍혜걸 씨가 강의를 하였는데, 그때 강의의 주 내용이 직장인의 건강을 위해서 운동을 꾸준히 하라는 것, 그리고 건강을 위해 건강보조식품 세 종류를 섭취하라는 것이었다. 그 세 가지 건강식품은 '비타민 C'와 '칼슘'과 '오메가3'이다.

비타민 C는 수용성으로 몸속의 에너지원이 된다고 하였고, 칼슘은 나이가 들면서 뼈가 약해지기 때문에 뼈 건강을 위해서 섭취하도록 강조했으며, 오메가3는 현대인들이 특히 식습관으로 인해서 몸속의 피가 탁해져서 심장질환 등의 위험이 크므로 꾸준하게 섭취해야 한다고 하였다. 나는 그날 아침 강의를 듣고 장충동 회사 옆에 있는 유명 연예인이 광고하는 한 알에 1,000㎎짜리 비타민C를 그때부터 꾸준히 먹기 시작했다. 또 근육과 좋은 피부를 유지하기 위해서 단백질을, 장 건강을 위해서 프리바이오틱스 유산균 등을 섭취하게 되었다.

건강을 지키려면 정확한 지식이 필요하다

건강을 잘 지키려면 건강에 대한 정확한 지식을 가져야 한다. 몇 년 전 가습기 살균제로 인해 이를 사용한 소비자들의 폐에서 섬유화 증세가 발생해 신고된 사망자만 1,740명, 부상자 5,902명에 달하는 피해자가 나왔다. 치사율 70~80%, 원인 불명의 간질성 폐질환 환자가 1995년부터 매년 봄철마다 발생하였는데, 2006년 서울아산병원 홍수종 교수 등에 의해 인지된 것이다. 그러다가 2011년 4월부터는 대량으로 발생하였고, 2011년 8월 가습기 살균제가 해당 폐 질환의 원인임이 서울아산병원 이무종 교수 등에 의해 밝혀졌다.

이 사건은 분명히 가습기 살균제의 제조사와 유통사들에 책임이 있다. 하지만 너무나 안타깝게도 피해를 본 사람들은 아무것도 모르고 그 제품을 사용한 소비자들이었고, 지금도 피해자들은 힘들게 살아가고 있다. 관리 주체인 정부와 환경부 등 행정기관도 해당 기업과 동등한 책임이 있다고 본다.

하지만 이와 더불어 현명한 소비자의 합리적인 의심도 필요하다. 이상하거나 불안하다 싶으면 확인을 하고 사용하지 않아야 한다. 우리가 먹는 물도, 식품도, 재료가 어디서 생산되었는지, 제조사가 어디인지, 합성제품인지 자연 유기농 제품인지 스스로 확인하고 먹어야 한다. 결국은 내가 먹는 음식이 내 몸이 된다. 아무 생각 없이 유명 연예인이 광고한다고 해서 그 제품을 신뢰하는 것은 문제가 있다고 본다. 본인이 스스로 꼼꼼하게 체크하고 성분을 확인해야 한다. 나도 건강에 대한 공부를 하면서 깨달은 것은 본인의 건강은 본인 스스로가 미리미리 챙겨야 한다는 사실이다.

예전에는 건강에 대한 지식과 정보가 의사 등 일부 전문가들의 영역이었지만, 요즘은 믿을만한 건강 지식과 정보를 얻을 수 있는 기회가 다양하게 많다. 따라서 건강에 대한 정확한 판단을 할 수 있는 지식이 있어야 본인의 건강을 지킬 수 있다. 유명 연예인이 광고한다고 그 제품이 좋은 것은 결코 아니기 때문이다. 질병에 걸리면 의사는 그 병의 증상에 대해서만 대증적인 치료를 할 뿐 정작 본질적인 원인이 되는 식습관과 생활 방식 등에는 관여하지 않는다. 결국 본인이 그 원인을 깨닫고 식습관과 생활 습관을 바꾸어야 개선이 된다.

기본적으로 우리의 영과 육이 건강하기 위해서는 건강 공부를 해야 한다. 내 몸은 내가 지켜야 가족도 지킬 수 있고 주변의 지인들에게도 좋은 영향을 줄 수 있다. 나도 건강에 대한 지식이 없을 때는 그냥 유명 연예인이 광고하는 합성 비타민을 복용했다. 하지만 합성 비타민보다는 자연에 가까운 유기농 비타민이 더 좋은 것을 공부를 통해 알게 되고부터는 유기농에 가까운 비타민을 꾸준하게 먹고 있다. 우리 모두가 그 누구도 나의 건강을 대신 지켜주지는 않는다는 사실을 숙지하며, 건강에 관한 책을 읽고 공부해서 후반기 인생을 더욱 활기차게 살기를 바라는 마음이다.

내 몸은 내가 지켜야 한다

요즘은 40대 젊은 분들도 뇌 질환 등으로 힘들게 살아가는 것을 주변에서 본다. 뇌졸중 등에 걸리면 삶의 질이 확 떨어진다. 정상적인 사회생활도 하기가 힘들어진다. 무엇보다 중요한 것은 평소의 생활 습관이다. 솔직히 물 먹는 습관만이라도 잘 챙겨면 어느 정도 건강을 지킬 수 있다.

《환자 혁명》의 저자 조한경 박사는 '내 몸을 고치는 것은 병원의 의사들이 할 일'이라는 그릇된 생각을 버릴 것을 강조한다. 의사가 가장 잘 알고, 건강을 의사에게만 맡기려는 태도를 버리라고 한다. 음식이나 생활 습관을 돌아보지 않고 의사 처방대로 약만 잘 먹으면 나을 거라는 생각을 버려야 한다. 아마존 건강 베스트셀러 1위를 차지한 《클린》(알레한드로 융거, 조진경 역, 쌤앤파커스, 2010)의 저자는 미국 최고의 디톡스 전문가이다. 저자는 우리가 살찌고 피곤하며 우울한 이유는 잘못된 식습관 때문에 발생한 몸속의 독소 탓이라고 한다. 그리고 이를 제거하는 과학적이고 안전한 건강관리 프로그램으로 '클린'을 제안한다.

결국 우리가 매일 먹는 음식들이 곧 내 몸이 된다. 직장 생활을 하면서 건강을 챙길 틈이 없었겠지만, 지금부터라도 건강 공부를 해서 병원 신세를 지는 일 없이 늘 활기차고 생기있는 삶으로 관리해야 한다. 정기 헬스권이 있다고 건강한 것은 아니다. 직접 가서 움직이고 꾸준하게 매일 운동하는 것이 건강을 유지할 수 있는 비결임을 명심해야 한다.

영양 결핍도 비만의 원인이다

■ 어린 시절, 우리나라는 후진국으로 하루 세끼도 먹기가 힘들었다. 그 시절에는 살찌고 배가 뛰어나온 사람들이 길거리를 걸으면 사장이라는 말을 들었다. 하지만 지금은 잘 나가는 부자나 CEO 등을 보면 모두 날씬하고, 뚱뚱한 사람은 보기가 어렵다. 그만큼 본인의 건강을 잘 챙기기 때문이다.

현대 사회는 너무 많이 먹어서 병에 걸리고 비만해지며, 고혈압, 당뇨 등 성인병에 많이 노출되어 있다. 또 성인병이 걸리면 간단하게 약을 먹으면 해결된다는 어리석은 생각을 하는 사람들이 많다.

미국에서 비만 환자는 흡연자와 같은 건강보험 프리미엄이 발생한다. 바꿔 말하면 비만은 미용의 문제가 아니라 건강의 문제라는 것이다. 몸이 정상이 되면 체중도 정상이 된다. 몸이 정상인 상태는 몸속의 여러 가지 영양 요소들이 정상적으로 작동할 때 유지된다. 몸이 비만인분들은 자신이 먹는 음식을 되돌아봐야 한다. 우리의 생명을 유지하는 것도 음식이고, 병을 일으키는 것도 음식이며, 병을 고치는 것도 음식이다.

문제는 의사들이 의대를 졸업하고 그저 배운 대로만 의술을 베푼다는 점이다. 환자가 혈압이 높다고 하면 바로 혈압약을 처방한다. 혈압약의 부작용에 대해서는 우려하지 않는 듯하다. 부작용이 생기면 부작용에 대한 약이나 처치 방법이 또 있으니 말이다. 대부분 의사들의 처방은 글로벌 제약회사의 매뉴얼에 따른다고 한다. 하지만 나는 이런 부분에 대해서 사람들이 공부하고 스스로 깨어 있어야 하며, 자신의 건강은 자신이 지켜야 한다고 생각한다.

나이 먹으면 비만이 아니라 대사량 저하

물만 마셨는데 살이 찐다고 한다. 어쩔 수 없다고 되는대로 살다가 죽겠다고 한다. 정말 물만 먹는 것이 문제다. 젊었을 때는 운동도 안 하고 야식 먹고 술 마시고 해도 지금처럼 비만은 아니었다. 그때는 기초대사량이 왕성했기에 많이 먹어도 몸에서 다 받아 주었다. 나이가 들면 자연히 기초대사량이 줄어든다. 단순히 덜 먹고 운동만 한다고 살이 쉽게 빠지지는 않는다. 기초대사량이 떨어지는 대표적인 원인 세 가지는 운동 부족, 수면 부족, 영양 부족이다.

살을 빼려면 잠을 푹 자야 한다. 수면 부족도 반드시 해결해야 한다. 몸의 회복과 호르몬 활동은 잠자는 동안 가장 활발한데, 잠이 부족하면 대사량이 그만큼 저하된다. 영양부족도 마찬가지다. 비타민과 미네랄 같은 영양소가 부족하면 다량 영양소인 탄수화물, 단백질, 지방 등을 효과적으로 태우지를 못해서 남아도는 칼로리는 모두 지방으로 쌓인다.

현대 음식 중에 특히 청소년들이 많이 먹고 좋아하는 밀가루와 설탕으로 만들어진 가공식품은 칼로리는 높은 반면에 비타민과 미네랄 같은 영양소는 부족한 경우가 많다. 이렇게 청소년 시기를 보내고 5년, 10년 계속 가공식품 위주의 식단으로 생활하면 당연히 성인병에 노출된다. 따라서 우리가 먹는 음식이 가장 중요하다. 몸을 좋게 만들려면 먹는 음식부터 바꾸어야 한다. 우리 몸의 세포와 피를 만드는 원료가 우리가 먹는 음식이다.

특히 우리가 먹는 것 중에서 가장 섭취량이 큰 게 공기이다. 단 1분도 숨을 쉬지 않고는 살아갈 수 없다. 그만큼 공기가 소중하고, 특히 좋은 공기를 마셔야 건강해질 수 있다. 이때문에 심하게 병으로 고생하거나 아픈 사람들이 깊은 산속으로 가서 치유하는 것을 보곤 한다.

공기 다음으로 우리가 많이 먹는 것은 물이다. 물의 소중함은 누구나 다 알고 있지만 실천하지 않는 사람들이 많다. 뉴욕주립대 주기환 박사의 강연에 따르면 암 환자들은 공통적으로 평소에 물을 적게 마시는 습관이 있다고 한다. 물만 잘 마셔도 우리 몸의 많은 부분을 치유할 수 있는데, 이를 실천하지 못한 것이다. 물 중에서도 미네랄이 살아있는 깨끗한 물이 중요하다.

물은 우리 몸의 체온, 혈액의 농도 등을 조절하면서 항상 건강한 상태를 유지해 주고 필요한 영양분을 온몸에 공급해 줌과 동시에 노폐물을 땀, 소변 등의 형태로 몸 밖으로 내보내준다. 또한 물의 순환 작용으로 에너지를 공급하여 생체 활성이 가능해진다.

이처럼 중요한 물은 피의 90%, 근육의 75%, 뼈의 20%, 피부의 70%를 구성하고 있다. 특히 물은 영양분을 운반하고, 체온유지와 동시에 세포에 산소를 공급하며, 피부의 탄력을 향상시키는 동시에 관절의 윤활유 역할을 한다.

한편 공복 시 물 2컵 정도의 섭취는 신진대사를 더욱 원활하게 하는 데 도움이 된다. 이렇게 소중한 물이니만큼, 물에도 최상의 조건이 필요하다. 좋은 물의 조건은 유해 물질이 없어야 하고, 미네랄이 풍부해야 하며, 약알칼리성이어야 한다.

전반전보다 더 중요한
인생의 후반기, 하프타임

■ 수명이 길어지면서 100세 시대를 맞이함에 따라 이제는 은퇴 후 약 40여 년을 더 살아야 한다. 그런데 이 시간을 어떻게 보낼지 고민하는 사람은 얼마나 될까?

여러 조사에서 은퇴 후 삶에 대한 고민 중 가장 비중이 큰 것은 노후자금에 대한 고민이었다. 또 노후자금만큼이나 중요한 것이 은퇴 후 활동에 대한 부분이다. 전문가들은 행복한 은퇴 후의 삶을 위해 돈, 건강, 취미를 가져야 한다고 말한다.

한국 갤럽이 2004년부터 2019까지 조사한 결과에 의하면 한국인이 가장 좋아하는 취미는 등산으로 밝혀졌다. 국내 아웃도어 총매출은 세계 2위를 점한다고 한다. 등산 외에는 음악감상, 헬스, 낚시, 여행, 외국어 공부, 기타, 도자기, 요리, 색소폰 등 다양하다. 이렇게 다양한 취미를 현역으로 생활할 때는 못 했기 때문에 은퇴 후 열심히 취미활동을 하는 사람과 그렇지 않고 그냥 세월만 보내는 사람이 있다.

현역에 있을 때 직장 생활에 너무나 에너지를 많이 소진하기에 그럴 수 있는 마음의 여유가 쉽게 생기지 않았을 것을 충분히 이해하고 공감할 수 있다. 하지만 계속 그렇게만 살 수 없는 노릇이 아닌가? 인생 2회차에서도 여전히 무기력하다면 그 증상이 옆에 있는 사람까지 전염되기에 작은 취미부터 새롭게 시작하기를 바란다.

취미로 인해 샘솟는 도파민이 병원비보다 싸게 먹힌다!

주변에 성공한 시니어들과 이야기를 나누어 보면 모두가 세금 문제로 걱정하고 있다. 재산도 많고 집도 몇 채를 가지고 있지만, 증여세와 상속세를 납부할 경우 세금이 너무 많아서 자녀들 삶까지도 걱정들 하는 지경이다. 쓰지도 못하는 재산으로 세금이나 고민하느니 취미생활, 혹은 가까운 친구나 지인들을 만날 때 베풀며 살며 도파민을 샘솟게 하는 게 더 행복한 삶이다.

너무 궁핍하게 살지 말자는 거다. 나의 지인 중에 강남에 아파트 몇 채를 가지고 계시면서 힘들게 사시는 분들이 계신다. 그런 분들께 나는 빨리 한두 채 매도하시고 편하게 사시라고 말씀드린다. 그분들의 삶은 매번 날아오는 세금 고지서 때문에 늘 아끼면서 살아야 하는 안타까운 현실이다.

따라서 무엇이든 아끼지 말고 여러 가지 취미를 재미있게 배우기를 권한다. 그렇게 재미있게 즐기다 보면 거의 전문가 수준으로 발전할 것이고, 그것이 퍼스널 브랜딩이 되어서 전문가의 삶을 살 수 있다. 먹는 즐거움을 즐기는 시니어라면 바리스타 자격증이나. 소믈리에 자격증, 요리 배우기에 도전하는 것도 좋을 듯하다. 처음에는 혼자만의 취미생활일 수 있지만, 취미의 정도가 깊어지고 성취감이 높아질수록 주위 사람들과 함께 나누게 되며, 더 나아가 은퇴 후 직업으로 연결될 수 있다.

나도 개인적으로 돼지고기 수육, 초코 브라우니 케이크, 이탈리아 파스타 등을 사무실에서 간단하게 만들 수 있어서 후배들과 지인이 찾아오면 와인과 함께 직접 요리해서 좋은 시간을 가졌다. 지인들이 나에게 어떻게 그렇게 맛있는 요리를 할 수 있냐며 신기하다고 했다. 요즘은 요리 학원에 안 다녀도 다양한 방법으로 요리하는 것을 배울 수 있다. 그리고 요리 도구들도 쉽게 구비할 수 있다. 조금만 관심을 가지면 직접 시장에서 신선한 재료를 장만해서 충분히 만족스러운 훌륭한 요리를 할 수 있다.

무엇보다 소중한 인생의 하프타임

인생의 전반기는 각자가 목표를 향해서 모두 열심히 살았고 큰 성과와 결과를 도출했다. 삶의 수준도 많이 향상되었다. 아쉬움도 많지만 그래도 모두 열심히 살았다. 국가적으로나 경제적으로 우리나라의 위상도 선진국 수준으로 성장했다. 이제 인생의 전반전을 마치고 하프타임에 접어든 시점에서 우리가 해야 할 일 중에 4가지를 말해보고자 한다.

첫째, 전반전의 문제나 실수에 대해 마음을 편하게 가지는 것이다. 생각보다 많은 사람이 전반전 삶에 대한 후회를 많이 하고, 그로 인해서 괴로워하면서 무기력해지거나 힘들어 하는 경우를 볼 수 있다.

전반전은 이미 지나갔다. 계속 후회만 하면 아쉬움만 쌓이고 힘들기만 하다. 미래로 나아가는 데에 족쇄가 될 뿐이다. 마음을 편하게 가지고 후반전에는 실수를 안 하도록 관리하면 된다.

둘째, 그럼에도 전반전 인생에 대해서 뒤돌아보는 성찰의 시간은 필요하다. 내가 어떻게 살아왔는지, 실수나 잘못은 왜 일어났는지 꼼꼼하고 깊이 있게 성찰을 해야 하고, 앞으로 살아갈 후반기 인생에는 그것이 좋은 경험이 되어서 삶의 방향을 제대로 돌려놓을 수 있다. 아울러 후배들에게도 진실된 삶을 인도할 수 있는, 그런 능력 있는 후반기 인생을 가꿔나가야 한다.

셋째, 필생의 업을 찾아야 한다. 어떻게 보면 전반기의 일은 준비가 부족한 상태에서 아무것도 모르면서 시작되었다. 마치 '이번 생은 처음이라'하는 느낌으로 선두를 따라 날아가는 기러기 무리처럼 직장 선배들을 본보기로 열심히 일만 했다. 그렇게 일만 열심히 하다가 큰 보람도 없이 세월이 흘렀고, 아쉬움을 느끼면서 사는 선배들이 많다.

이제 인생 2회차에는 필생의 업을 찾아야 한다. 후반기를 의미 있는 삶으로 전환해야 한다. 후반전을 위한 나만의 규칙을 만들어서 성장, 발전하고 많은 이에게 지혜롭고 슬기로우며 기쁨과 희망이 되는 일을 해야 한다.

넷째, 자생력을 키워야 한다. 자기관리에 실패한 사람은 인생 전체를 실패한 것이라고 한다. 후반기에는 무엇보다 중요한 것이 자기관리다. 그러기 위해서는 남다른 용기와 다짐이 필요하다. 인생 전반은 성공을 향해서 열심히 살았다면, 인생 후반은 의미를 이루는 삶을 살게 된다. 스스로 내면을 들여다 보면서 성취한 것과 부족한 것을 찾고 보완해야 한다. 자신이 잘하는 것에 능력과 열정이 더해지면 스스로에게 가장 적합한 일을 찾을 수 있을 것이다. 후반기 인생은 그 일로 인하여 건강해지고, 관계도 좋아지며, 경제적인 문제도 해결이 되는 멋진 삶을 살아야 한다.

운동경기도 그렇지만 인생도 전반전보다 후반전이 더 중요하다. 전반전에 온 열정을 다 해서 살았어도 후반부에 잘못하면 인생은 실패하게 된다. 우리 각자의 인생 전반전은 어떻게 살았는지는 알 수 없으나 지금부터가 더 소중하고 중요하다. 영적으로 건강을 유지하면서 지혜로운 삶을 살아야 하고, 정신적으로 건강을 유지하면서 다양한 변화와 시도에 잘 대응해야 하며, 육체적으로 건강해서 살아가는 데에 힘이 들거나 피곤하지 않도록 잘 관리 해야 한다. 모두가 건강을 잘 관리해서 자신의 강점을 충분히 발휘함에 부족함이 없기를 바라는 마음이다.

에필로그

액티브 시니어, 우리의 지혜가 미래다

호모사피엔스(Homo sapiens)란 '지혜로운 사람'이라는 뜻이다. 직립이나 도구 사용이 인류 진화의 기준이 된 적은 있지만, 호모사피엔스의 등장 이후 인류는 생물학적 진화를 멈추었다. 다른 인류와 호모사피엔스의 차이는 '걷느냐', '도구를 사용하느냐'에 따른 생물학적 진화의 차원이 아니라, '지혜를 사용하느냐'에 대한 정신적 진화 차원의 문제이다. 반대로 말하면, 현생 인류 호모사피엔스에게 노화에 따른 생물학적 퇴화는 찾아오겠지만, 관리하기에 따라 얼마든지 정신적 진화는 거듭해갈 수 있다는 논리가 된다.

요즘 액티브 시니어가 우리 사회의 한 축을 이루고 있다. 베이비붐 세대의 대거 은퇴 이후, 경제발전의 한 축을 담당했던 나와 내 동년배들은 이제 우리 사회에서 또 다른 역할 찾기에 나서고 있다. 생물학적 나이에 따른 은퇴는 어쩔 수 없을지라도, 우리의 정신적 진화는 지속가능한 발전을 이룰 수 있다.

인공지능 화가 DALL-E(달이)가 사람보다 더 그림을 잘 그리고, 대부분 기업들이 10년 이내로 완전자율주행차의 개발을 꿈꾸는 시대이다. 바다에서도 자율주행선박이 운행되어 더 이상 유능한 조타수가 필요하지 않은 시대가 곧 다가온다. 이런 시대적 변화에 직면해, 인간은 AI와 로봇으로 인해 더욱 할 일이 없어진 손과 발 대신 무엇을 해야 할까?

이 문제는 사실 인간에게 공통적으로 다가올 고민이자, 현재의 액티브시니어가 사회의 가장 앞줄에서 직면한 고민이기도 하다. 더욱 구체적으로 말하면, 우리가 보여줄 삶의 모습이 곧 앞으로 AI시대를 맞이하여 인간이 살아가게 될 모습이기도 하다. AI 시대에는 지금의 20~40대도 현재의 액티브시니어와 마찬가지로 자유로워진 손과 발, 상대적으로 그에 비해 덜한 경제적 자유 속에서 생활하게 될 것이다. 이 시점에서 액티브시니어가 보여주는 지혜는 곧 우리 다음 세대가 배워야 할 지혜가 된다.

이 책에서는 이러한 고민 속에 현재의 세대들이 현 사회의 조직 속에서 유연하게, 합리적으로 조직문화에 잘 적응하면서도 미래에 대한 고민의 끈을 놓지 않을 것을 당부했다. 그리고 이 당부가 비단 한 건축가의 인생 타임라인 기록으로 머물지 않고, 나의 뒷세대들이 세상을 더욱 잘 준비해 자유로운 인생을 살 수 있는 작은 노둣돌이 되기를 바란다.

북큐레이션 • 세상을 바꾸는 액티브 시니어의 지혜를 담아내는 라온북의 책

《위즈덤 그레이》와 함께 읽으면 좋을 책. 발 빠르게 변해가는 시대의 트렌드를 파악하면서도, 변하지 않는 가치를 들여다보고, 내면을 성찰하는 가르침의 시간을 당신에게 제공합니다.

40대부터
준비하는 50대
퇴직 라이프 플랜

그레이트 그레이

지성언 지음 | 15,000원

가슴 뛰는 일을 하면 평생 젊게 살 수 있다!
당당하고 거침없이 두 번째 파도에 올라서라!

어쩌다 보니 서른이고, 정신 차려보니 마흔이고, 쉼 없이 달리니 어느덧 인생 2막을 앞둔 나이다. 현대인은 스스로 예상했던 것보다 훨씬 더 오래 살 것이다. 그러나 길어진 세월을 어떻게 살아가야 하는지는 그다지 깊이 생각해보지 않은 게 사실이다. 장수 시대에 아무런 대비 없이 2막을 맞게 되면 길을 잃고 헤맬지도 모른다. 저자는 30년 넘게 중국 주재원에서 법인장까지 지내다가 은퇴 후 스타트업 기업에 공동대표로서 현역에서 뛰고 있는 열혈 시니어다. 환갑에 길거리 캐스팅되어 모델로 데뷔할 정도로 패션 피플이기도 하다. 인생 후반에도 평생 현역이고 싶은 사람들에게 그의 삶은 '인생 2막 이정표'가 될 것이다.

이커머스 실전
마케팅 비법 수록

비바 그레이

홍동수 지음 | 15,000원

다 큰 어른, 놀이에 빠지다!
인생의 절반은 지금까지보다 더 즐거워야 한다

평균수명 82.7세, 100세 시대로 접어들면서 시니어들의 사회 참여와 활동도 더욱 활발해졌다. 그러나 지금의 시니어들은 젊었을 때부터 생존을 위해 일만 하느라 정작 사는 재미, 노는 방법은 제대로 배우지 못했다. 이제는 젊은이들뿐만 아니라 시니어들을 위해서도 워라밸이 필요하다. '하고 싶은 일 망설이지 말고 저지르고 살자!'는 남다른 인생철학을 가진 저자가 '마음껏 놀기'에 익숙지 않은 시니어들을 위해 인생을 더욱 신나게 즐길 수 있는 취미를 소개한다. 패러글라이딩부터 산악자전거, 암벽등반, 승마, 인디 밴드 등 동적인 취미부터 외국어 공부, 시 쓰기 등 정적인 취미까지 저자가 섭렵한 다양한 취미생활을 따라가다 보면 어느새 시니어들도 젊을 때와 다름없이 신나게 인생을 즐길 수 있다는 사실을 알게 될 것이다.

나를 살리는 마음 훈련법

김영애 지음 | 16,800원

내 마음은 잘 뿌리를 내리고 있을까?
살랑이는 바람에도 이리저리 흔들리는 내 마음을 단련해 보자

형체가 없는 마음이 상처를 받는 것만큼 회복되기도, 다루기도 어려운 문제가 있을까? 그런 의미에서 이 책 《나를 살리는 마음 훈련법》이 전해주는 내면 단련과 이를 위한 다양한 사례 소개, 루틴을 통한 마음 훈련의 중요성은 현대인에게 더할 나위 없이 중요하다. 저자는 "과거의 나랑 화해한다는 건 지금의 나를 놓치지 않는 삶이다"라고 말한다. 우리 모두 세상사를 헤쳐 나오며 알게 모르게 마음 어딘가에 스스로와 화해해야 할 상처 하나쯤을 안고 살아가는 사람들일지도 모른다. 이 책 《나를 살리는 마음 훈련법》은 이런 우리의 여리고 힘든 마음을 직시하고, 잘 풀어내는 동시에 훈련하여 더 나은 행복한 삶으로 나아가는 길을 제시한다.

일류 아빠의 생각

손재환 지음 / 15,000원

MZ세대 고민 상담 처방전!
삶이 막막할 때 꺼내 읽는 아버지의 인생 편지

《일류 아빠의 생각》은 책 속에서 변하지 않는 삶의 길을 보여준다. 극심한 가난과 신체적 장애를 짊어진 채, 온몸으로 발버둥치며 살아오면서 성공하기까지, 몸소 체득한 인생의 지혜를 고스란히 담아내었기에 저자의 가르침은 더욱 생생하고 믿음직하다. '어른 됨', '일', '관계', '돈', '인생' 총 5개의 굵직한 주제 안에 사회 초년생들이 궁금증을 가질 만한 여러 문제에 대한 저자 나름의 해답을 편지 형식으로 담아냈다. 아버지의 마음으로 써 내려간 편지 속 이야기들이 급변하는 시대, 올바른 인생의 길을 찾아 헤매는 이들에게 든든한 나침반이 되어줄 것이다.